Jogo de Búzios e o Culto a Ifá

Nelson Pires Filho e
Wagner Veneziani Costa

Jogo de Búzios e o Culto a Ifá

MADRAS®

Editor:
Wagner Veneziani Costa

Produção e Capa:
Equipe Técnica Madras

Revisão:
Jerônimo Feitosa
Neuza Rosa
Arlete Genari

Dados Internacionais de Catalogação na Publicação (CIP)
(Câmara Brasileira do Livro, SP, Brasil)

Pires Filho, Nelson
Jogo de búzios e o culto a Ifá/Nelson Pires
Filho e Wagner Veneziani Costa. – São Paulo: Madras, 2022.

ISBN 978-85-370-1020-4

1. Candomblé (Culto) 2. Ifá 3. Jogo de búzios
4. Oráculos I. Costa, Wagner Veneziani.
II. Título.

16-05283 CDD-133.322

Índices para catálogo sistemático:
1. Jogo de búzios: Artes divinatórias 133.322

MADRAS EDITORA LTDA.
Rua Paulo Gonçalves, 88 – Santana
CEP: 02403-020 – São Paulo/SP
Caixa Postal: 12183 – CEP: 02013-970
Tel.: (11) 2281-5555 – Fax: (11) 2959-3090
www.madras.com.br

Dedicatória

*Dedicamos esta obra ao nosso amigo, irmão e mestre
Rubens Saraceni (in memoriam), que nos deixou um legado histórico,
proporcionando assim um caminho inédito
e ímpar na busca do conhecimento.*

*Obrigado, Irmão!
Nelson Pires Filho e Wagner Veneziani Costa*

Índice

Introdução ... 9

Capítulo 1 – Ọ̀rúnmìlà e Ifá ... 15

"Como Sacríficio ganha de Remédio" ... 16
"Ọ̀rúnmìlà vai ver o segredo de Ìyámi em Otá" ... 19
"Ọ̀rúnmìlà acalma Ìyámi" ... 20
"Adura Ọ̀rúnmìlà" ... 22
Tradução: "Reza de Ọ̀rúnmìlà" ... 23
"Adura Ọ̀rúnmìlà" ... 25
Tradução: "Reza de Ọ̀rúnmìlà ... 25

Capítulo 2 – Èṣù e Bara ... 29

Degradação dos arquétipos ... 32
"Oríkí Èṣù" ... 36
Tradução: "Evocação de Èṣù" ... 36
"Odù Ôtúrúpõn" ... 37
"Adura Èṣù ... 40
Tradução: "Reza de Èṣù" ... 40
"Adura Èṣù ... 41
Tradução: "Reza de Èṣù" ... 42
Nijó tinho rèé tóro omo, Lòdò Orìsà ìgbò – Wujè ... 42
Bara é junção das palavras Oba + Ara, que, unidas, significam "O Rei do Corpo" ... 47

Capítulo 3 – Orì ... 51

No Odù Ogbèògundá, Ifá diz: ... 64

Capítulo 4 – O Bàbáláwo ... 67
Capítulo 5 – O Oráculo dos Búzios ... 73
Capítulo 6 – Odù ... 79
Capítulo 7 – Numerologia Africana ... 83

Odù de nascimento ... 83
Odù de amparo ... 84
Odù de prosperidade ... 85
Odù superior da cabeça (Orì) Jo Orì ... 85

Odù de placenta 86
Odù de cabeça 86
Odù de firmeza 86
Odù de caminhos 87

Capítulo 8 – Leitura de Cabeça 89
Visita superior da cabeça (Orì) 90

Capítulo 9 – Os Nomes dos Odù (Awon Odù) 101
Os recados dos Odù de nascimento "Odù Bí" pelo Método Obanikan 102
Interdições africanas dos Odù ÉÈÓÒ 105
Os riscos (signos) de cada Odù 108
Os recados de cada Odù pelo Método Obanikan Egba 109

Capítulo 10 – Os Orisà que Respondem nos Odù 123
Capítulo 11 – O Jogo de Obí e de Quatro Búzios 125
Capítulo 12 – Os Ebo de Cada Odù 127
Folhas dos Orisà 133

Capítulo 13 – Considerações Básicas sobre Àsé 135
Compreendendo as relações no Àsé 138

Capítulo 14 – Os Òrìsà 139
Ésù 141
Ògún 144
Odé 146
Òsányín 148
Olùayè (Omolu/Obaluàyié) 150
Òsùmàrè 152
Logun-Edé 154
Osun 156
Sàngó 158
Òya 160
Obá 162
Ewá 164
Yemonjá 166
Nàná 168
Ibeji 170
Osàlá 172

Capítulo 15 – Algumas Qualidade ou Caminhos de Òrìsà 173

Capítulo 16 – As Variações das Nações Jeje, Ketu e Angola 181
Nação Jeje 182
Os Odù na Cultura Jeje 186
Nação Angola 187

Introdução

O presente trabalho obviamente não possui a intenção de esgotar o assunto em questão, fato de impossível realização, em face da infinidade do assunto e da especial sabedoria que o tema requer, que indiscutivelmente não possuímos.

Trata o presente trabalho literário da abordagem sistemática e objetiva do resultado de incansável busca e compreensão sobre a filosofia religiosa e sua prática resumidamente do povo africano, mais precisamente *in casu*, daqueles originários da Nigéria, da região do norte da África, bem como seus costumes, estilo de vida, crenças, contornos culturais, ótica mística, enfim, o mundo religioso africano que alçou o mundo com sua beleza, filosofia, ciência religiosa e sabedoria incontestavelmente surpreendente. Claro que nos referimos aqui àquela parcela do povo africano que, embora tivesse sofrido toda evolução social, intelectual e interferências normais de outras culturas, como ocorre em todo o mundo perante o dinamismo dos entrelaçamentos culturais, ainda se manteve dentro de seus padrões de origem sem prejuízo de seguir na mesma evolução e dinâmica que a movimentação mundial e de vida lhe ofereceu, com toda naturalidade através dos tempos. Desta feita se faz necessário esclarecer que a respeito e diante de sua própria natureza geográfica e histórica, extremamente complexa, não só pela miscigenação de seus diferentes povos, mas também pelas diversas influências recebidas e adotadas de seus colonizadores, sua religiosidade permaneceu até os dias de hoje e ganhou boa parte do mundo, conquistando adeptos, religiosos e admiradores, notadamente no Brasil, com sua sapiência e filosofia religiosa, destacando-se em especial a gênese afro, a criação, surgimento da vida, o ser humano e o alcance através de suas buscas e ferramentas o Divino mundo Divino, sistema de aconselhamento, etc.

Dessa forma, é pacífico e possível concluir que, com a chegada dos colonizadores, a África perdeu um pouco da sua identidade, pois estes trouxeram seus costumes e influenciaram o povo africano, que se deslocava para uma nova cidade e construía novas moradas a fim de se preservar perante suas tradições e seus antepassados, fazendo com que, dessa forma, passasse a desenvolver um novo sistema religioso de adoração às entidades sobrenaturais e a seus antepassados, sistema esse que sofria não só influências dos diferentes colonizadores, mas também de diversos povoados que passaram a estabelecer contatos entre si.

Assim, foi criado um sistema religioso único e diferente para cada povoado, porém todos têm e tiveram uma única, concreta e fiel estrutura filosófica de aprendizado e conhecimento, que foi a iniciada em Ilé Ìfé.

Observa-se que o povo yorubá é uma miscigenação de diferentes e distintos povoados de diversas localidades da Nigéria, com hábitos e costumes próprios, mas todos oriundos de uma única raiz matriarcal e interligados entre si. Assim sendo, vislumbramos encontrar algumas das cidades que esses povoados fundaram e, de certa forma, urbanizaram através dos tempos. São elas: Oyò̱, Ofá, Agbé̱okutá, Ìfé̱, Ketú, Ijes̱á, entre muitas outras, que criaram para si um método de culto e adoração aos seus ancestrais e aos elementos da Natureza, representados no mundo sobrenatural pelos Òrìs̱à.

Busca-se aqui informações vindas basicamente de três cidades da Nigéria: Ilè Ifé̱, Ketú e Agbé̱okutá (povo: Egbá), além de também interpretar a adequação das informações constituídas aqui no Brasil com a escravidão e com o passar do tempo, sendo este último um fator primordial, pois a evolução é uma constante em todo o sistema social; porém, o culto e as origens yorubanas, totalmente tradicionalistas e rústicas, fizeram com que muitas informações acabassem sendo perdidas, distorcidas e até dispersadas de geração em geração.

Após esta rápida e breve introdução à cultura yorubá, que é, sem dúvida, a origem total do nosso trabalho, podemos dizer que a fé do povo yorubá é baseada em dois aspectos distintos e, ao mesmo tempo, interligados por uma relação de dependência ao alcance do equilíbrio, que são:

> **Mundo NATURAL:** chamado de Aiyé; podemos dizer que é o mundo onde nós, seres humanos, residimos, ou seja, a Terra.

> **Mundo SOBRENATURAL:** chamado de Orún; podemos dizer que é o mundo onde os espíritos denominados de Òris̲à e ancestrais yorubás de grande evolução residem, ou seja, o Céu.

A ligação e os meios pelos quais a mesma se estabelece entre o àiyé, O̲rún e os habitantes desses dois mundos são feitos principalmente por meio do culto e adoração aos Òris̲à e/ou aos onilè (donos da terra, ou ainda ancestrais de seres humanos cultuados e divinizados), que, sendo assim, permanecem constantemente efetuando uma troca de energia entre os dois mundos.

Somente dizer "dois mundos" não está correto, pois é de nosso conhecimento que o ò̲rún é composto de nove céus; e ainda esta afirmação pode ser provada pela louvação normalmente feita nos terreiros de Candomblé ao Òris̲à Òya, que é "Oya Mè̲s̲a̲n̲ Ò̲rún (Òyà, a Senhora dos Nove Céus). Também é nosso dever comentar que tudo o que existe no àiyé, nós podemos dizer que é espelhado nos ò̲rún, ou seja, tudo o que existe aqui, hoje, já existiu, existe ou existirá no mundo sobrenatural.

Iremos encurtar um pouco esta explanação sobre a ligação entre o mundo natural e o mundo sobrenatural para não fugirmos do assunto em questão, que é apenas um breve conhecimento da ligação entre estes a fim de fazer com que o leitor entenda e compreenda melhor a importância de O̲rúnmilà para os yorubás e também para nós, cultuadores dele.

Os seres humanos que habitam e residem no àiyé fazem os contatos com as energias e habitantes do O̲rún basicamente por intermédio de rezas, cânticos, oferendas, louvações e adorações a eles, e cada um, dentro da sua natureza, opera e responde aos seus fiéis. Esse contato deve ser sempre cada vez mais harmonioso e integral entre os dois mundos, para que os menos evoluídos, neste caso, os habitantes do àiyé, possam estar cada vez mais próximos da perfeição e do equilíbrio total de seu ser; e é principalmente por esse motivo que as pessoas que fazem parte do culto aos òrìṣá, denominado aqui no Brasil de Candomblé, passam por um ritual popularmente chamado de "fazer santo", pois é dessa maneira que o noviço, com o passar do tempo, irá conseguir ter cada vez mais afinidade com seu Olorì. Nesse ritual pode-se observar que um dos aspectos mais importantes é a vinculação de àse, que é feita mediante a utilização dos elementos contidos na Natureza e que representam aquele determinado òrìṣá junto a tudo o que lhe será ofertado.

Todavia, isso não seria possível sem a existência ou consentimento de Orúnmilà e seu sistema de divinação sagrada, denominado de Ifá. São eles os principais responsáveis entre o sincero e real contato entre os diferentes mundos e seus habitantes.

O homem vale-se de diferentes artimanhas para efetuar esse contato, podendo ser através do oráculo de búzios (kauri), do oráculo dos Ikin (frutos do dendezeiro), do oráculo do Òpelè Ifá, de intuições, premonições, sonhos e outros meios. Não importa qual o método aplicado; o homem deve estar cada vez mais atento aos fatos mais simples de sua vida, pois um sonho, por mais banal que pareça ser, tem, com certeza, a sua importância, podendo até, quem sabe, conter a solução para um determinado problema da sua vida.

Foi possível observar, dentre os inúmeros recados de Ifá, um que diz que o sonho nada mais é senão uma continuidade da vida terrena, e que quem não sonha, literalmente, não vive.

Para ir mais fundo quanto à importância de Òrúnmìlà concluímos que, se um homem fizer algum tipo de pedido ao Todo-poderoso Olòrún (Deus, o Senhor dos Céus), o pedido só poderá chegar até Ele por intermédio de Òrúnmìlà e/ou Èṣù, que são somente os dois, dentre todos os Òrìṣà, que têm a permissão, o poder e o livre acesso concedido por Olòrún para estar junto a Ele quando assim for necessário.

Ainda vale ressaltar que somente Ọ̀rúnmìlà e Ès̩ù possuem um culto individual para si, onde são feitas adorações totalmente específicas para estes. Também são eles os únicos que podem possuir um sacerdote específico somente para o seu culto. Ou seja, o culto a Ifá e Ès̩ù não depende do culto aos Òrìs̩à, mas o culto aos Òrìs̩à depende totalmente dos de Ifá e Ès̩ù.

Ọ̀rúnmìlà é o Senhor dos Destinos, aquele que tudo sabe e tudo vê em todos os mundos que estão sob a tutela de Olọ̀rún; ele sabe tudo sobre o passado, o presente e o futuro de todos os habitantes do àiyé e do ọ̀rún; é o regente responsável e detentor dos oráculos e foi quem acompanhou Odùduwà na criação e fundação de Ilé Ifẹ́. Em suas preces, é normalmente chamado de:

Elérí Ìpín: "o testemunho de Deus";
Ibìkéji Olódúmarè: "o vice de Deus";
Gbàiyégbọ̀rún: "aquele que está no céu e na terra";
Òpitan Ìfé: "o historiador de Ifé".

Òrúnmìlà e Ifá

Acredita-se que Olòrún passou e confiou de maneira especial toda a sabedoria e conhecimento possíveis, imagináveis e existentes entre todos os mundos habitados e não habitados a Òrúnmìlà, fazendo com que, dessa forma, este se tornasse seu representante em qualquer lugar que estivesse.

No àiyé, Olòrún fez com que Òrúnmìlà participasse da criação da Terra e do homem, fez com que auxiliasse o homem a resolver seus problemas do dia a dia e, também, com que ajudasse o homem a encontrar o caminho e o destino ideal de seu Orì.

No òrún, ensinou-lhe todos os conhecimentos básicos e complementares referentes a todos os Òrìsà, independentemente de serem Irúnmolè, Imolè, Ebora, Onílè, Íyámi Àjé ou Égúngún, pois criou um elo de dependência de todos perante Òrúnmìlà; todos devem consultá-lo para resolver diversos problemas, como, por exemplo, a vinda de Òrìsànlá à Terra para efetuar a criação de tudo aquilo que nela teria vida. Porém, o grande Òrìsà não seguiu as orientações prescritas por Ifá e não conseguiu cumprir sua obrigação, caindo nas travessuras aplicadas por Èsù, ficando esta missão por conta de Odùduwà.

Òrúnmìlà também fala e representa de maneira completa todos os Òrìsà, auxiliando, por exemplo, um consulente sobre o que deve fazer para agradar ou satisfazer um determinado Òrìsà e, dessa forma, obter um resultado satisfatório para o Òrìsà e o consulente.

Òrúnmìlà conhece o destino de todos os homens e de tudo o que tem vida em nosso mundo, pois ele está presente no ato da criação do homem e da sua vinda à Terra, e é neste exato instante que Ifá determina os destinos e os caminhos a serem cumpridos por aquele determinado espírito.

É por isso que Ọ̀rúnmìlà tem a resposta para toda e qualquer pergunta que lhe é feita e a solução para todo e qualquer problema que lhe é apresentado, e é também por essa razão que ele tem o remédio para todas as doenças que lhe forem apresentadas, por mais impossível que pareça ser a sua cura. Por isso, todos nós deveríamos cultuar Ọ̀rúnmìlà e Ifá, pois felizes aqueles que a eles adoram e veneram como sua entidade e fonte de energia e sobrevivência; se assim o fizermos, com certeza poderemos alcançar a sorte, a felicidade, a inteligência, a sabedoria, o conhecimento, enfim, o destino ideal juntamente ao seu equilíbrio.

Todos nós deveríamos consultar Ifá antes de tomar qualquer atitude e decisão em nossas vidas; com certeza, iríamos errar menos.

Os yorubás consultam Ifá antes de tomar qualquer decisão como, por exemplo, um casamento, um noivado, um nascimento e, até mesmo, na hora de dar um nome à criança, antes da conclusão de um negócio, uma viagem, etc.

Além disso, Ọ̀rúnmìlà é também quem tem a vida e a morte em suas mãos, pois é a energia que está mais atuante e mais próxima de Olọ̀rún, podendo ser a única entidade que tem poderes para suplicar, pedir ou implorar a mudança do destino de uma pessoa.

Para melhor compreendermos tudo o que foi dito até aqui, vamos dar como exemplo o Itan (lenda) a seguir, de como Ifá pode influenciar na vida de uma pessoa.

"Como Sacrifício ganha de Remédio"

Ifá foi consultado por Sacrifício, filho de Ọ̀rúnmìlà.
Ifá foi consultado por Remédio, filho de Òsányin.
Um certo dia Òsányin falou ao rei Àjàláyé que ele era mais velho que Ọ̀rúnmìlà; por seu poder e conhecimento ele era muito superior a Ọ̀rúnmìlà.

Òsânyin alardeou a todos os feitiços que costumava fazer e a todos os remédios que preparava.

Rei Àjàláyé avisou Ọ̀rúnmìlà: Òsányin disse-me que é maior que você. Agora o rei quer saber se é você que é maior que Òsányin ou se é Òsányin que é maior que você.

Ọ̀rúnmìlà ascendeu: verdadeiramente sou mais velho que Òsânyin. Seja lá o que for que o rei disse para testá-los, ele o diria no momento.

Rei Àjàláyé falou que desejava que cada um fosse buscar o filho mais velho.

Ambos os trouxeram. O rei disse o que deveria ser feito: deveriam enterrar o filho de Ọ̀rúnmìlà e o filho de Òsányin e, dentro de sete dias, se Ọ̀rúnmìlà fosse mesmo poderoso, a criança ainda estaria viva e falando como uma criança viva. Òsányin também deveria enterrar seu filho.

Se acontecesse que ambos estivessem vivos, nenhum seria maior que o outro perante o rei e ele concordaria que ambos eram grandes e sábios homens. Porém, se um dos filhos falasse e o outro não, significaria que um dos dois não era o que proclamava ser.

Òsányin pediu que lhe trouxesse o filho mais velho, era Remédio.

Ọ̀rúnmìlà mostrou o seu, e era Sacrifício.

Um buraco foi cavado e eles foram enterrados. Ọ̀rúnmìlà foi para casa e consultou Ifá: estaria meu filho vivo daí a sete dias? A resposta foi que, para seu filho estar vivo dali a sete dias, Ọ̀rúnmìlà deveria oferecer èkuru (bolos de feijão), pimenta-da-costa, um galo, um bode, um pombo, um coelho e 16 búzios.

Ọ̀rúnmìlà fez a oferenda e preparou-a para ser colocada em quatro locais: uma na estrada, uma na encruzilhada, uma na praça de um mercado e uma para Èṣù;

Ọ̀rúnmìlà obedeceu às indicações sacrificando o coelho para Èṣù, que colocou nele o seu poder e o ressuscitou. O coelho cavou um buraco na encruzilhada que foi dar onde o filho de Òrúnmìlà estava enterrado, e assim, o coelho buscava alimento no mercado e dava de comer ao filho de Òrúnmìlà;

O filho de Òsányin possuía muitos feitiços e, ao ficar com fome e nada ter para comer, colocou sua força na terra, que se abriu para ele chegar até o filho de Orúnmilà, e perguntou:

O que você tem comido durante esses três dias, pois eu estou quase que morto de fome?

O filho de Orúnmilà disse que seu pai tinha enviado comida, aí então Remédio pediu que Sacrifício lhe desse algo para comer.

Mas como poderia ele, Sacrifício, dar-lhe alguma coisa; existia uma disputa que os envolvia. Se começasse a alimentá-lo, em cinco dias ele não estaria morto, e assim como conseguiria dar vitória para seu pai?

Até que Remédio lhe fez uma proposta: dê-me comida e, quando chegar o dia, quando me chamarem não responderei.

Sendo assim, Sacrifício então alimentou seu oponente até o dia final.

Chegada a hora, chamaram o filho de Òsányin: Remédio! Remédio! Remédio!, mas ele não respondeu. Concluíram que Remédio estava morto, então chamaram Sacrifício e ele respondeu logo pelo primeiro chamado e apareceu para todos, são e bem-disposto junto de Remédio.

Òsányin perguntou a seu filho: se você não estava morto, por que não disse ao chamado?

Remédio lhe respondeu que não poderia ter respondido, pois seu oponente não lhe permitiria e explicou que ambos haviam feito um pacto. Se Sacrifício o alimentasse, ele não responderia ao chamado de seu pai; dessa forma Òrúnmìlà ganharia a senioridade. Disse ainda que, se ele não tivesse comido por sete dias, estaria morto.

Sacrifício não deixou Remédio responder, ou seja, Sacrifício é mais poderoso do que Remédio.

Conclui-se, então, que um sacrifício recomendado por Ifá pode ser mais importante do que qualquer tipo de remédio e até melhor de se confiar, pois Ifá é mais eficaz do que qualquer remédio.

* * *

A seguir, iremos relatar um Ìtan no qual Ọrúnmilà vai descobrir o segredo de Ìyámi na cidade de Otá, pois Ìyámi é uma das energias mais temidas por todos os Òrìṣà pelo seu poder junto à feitiçaria, pois este é outro nome atribuído a elas (Ìyámi Òṣóròngà: minha mãe, a feiticeira). Esta história de Ifá provém do Odù irẹ̀té òwónrín, que mostra como Ọ̀rúnmìlà vai buscar o segredo de Ìyámi em Otá.

"Ọ̀rúnmìlà vai ver o segredo de Ìyámi em Otá"

Antes de partir, Ọ̀rúnmìlà fez a oferenda de um saco de tecido branco, um pombo branco e uma cabaça, que significa: "tenho meu pássaro, não me combatam".
Então, ele vai para Otá e, chegando ao mercado,
Há! Dizem as Ìyámi, a sopa chegou.
Aquele que elas queriam comer chegou.
Èṣù, o mensageiro dos outros Òrìṣà, que faz o bem e que faz o mal, diz às Ìyámi: Ọrúnmìlà é mais forte que todas vocês reunidas, ele tem seu pássaro; trazei-lhe os vossos (submetais vosso poder ao dele).
Elas trazem seus pássaros, mas estão encolerizadas, pois Ọrúnmìlà vai revelar o *segredo delas.*
Ọrúnmìlà faz uma oferta de ẹkujẹ̀bú, um grão duro e grande, e um frango òpìpì, que não pode voar, porque suas penas são crespas e não opõem resistência ao ar.
As Ìyámi queriam atacar Ọrúnmìlà, mas não podiam, pois a oferenda é uma mensagem que significa: "Àjẹ́ (feiticeira) selvagem não pode comer ẹkujẹ̀bú, vocês não podem caçar,

frango arrepiado não tem asas para voar sobre o teto, vocês não podem me matar".

Foi assim que Òrúnmìlà surpreendeu o segredo de Ìyámi em Otá, passando, dessa forma, a ser respeitado e reconhecido por ela.

***

Como contribuição e para melhor entender a grandiosidade de Ifá, iremos relatar outro Ìtan que comenta a sua importância para a continuidade da procriação da vida humana.

Esta história provém do Odù ogbè ògùndá, que nos diz como Òrúnmìlà soube aplacar a cólera de Ìyámi.

"Òrúnmìlà acalma Ìyámi"

Chegando ao mundo, os filhos das pessoas e os filhos das eléye brigam, sendo os primeiros perseguidos pelos segundos.
Os filhos das pessoas vão pedir proteção a diversos Òrìsà sucessivamente.
Nem Òrìsànlá, nem Sàngó, nem Òya ou Obá têm força suficiente para lutar contra Ìyámi – eléye.
Eles pedem a Orúnmìlà para protegê-los.
Este conhece, graças a Èsù, os segredos de Ìyámi.
Ele sabe que, chegando ao mundo, elas vão beber água em sete rios cujos nomes ele conhece.
Tendo consultado Ìfá, ele fez as oferendas prescritas de folhas de ojúsájú, óyoyó, àànú e agogô ògún, mel, uma pena de papagaio, giz branco efun e pó vermelho osún.
Uma vez protegido ele é capaz de enfrentar Ìyámi, pois as oferendas intercedem a seu favor; a folha de óyoyó declara que Ìyámi está satisfeita (yónú) com ele; a de ojúsájú declara que ela o respeita (sájú), a de àànú declara que ela terá piedade dele (sàánú) e a de agogo ògún declara que tudo que ele pedir tocando um sino (agogo), ele obterá.
Ìyámi – eléye está satisfeita.

Entretanto, impõe uma condição antes de dar seu perdão: Ọ̀rúnmìlà deverá decifrar um enigma que lhe será apresentado. Ele deverá adivinhar o significado da frase: "elas dizem: atirar, Ọrúnmìlà diz: apanhar", e isto sete vezes.

Ọ̀rúnmìlà responde que elas vão atirar um ovo sete vezes e ele deverá apanhá-lo dentro da borra de algodão.

Ọ̀rúnmìlà é então perdoado e os filhos das pessoas também.

A história termina com um canto no qual Ọ̀rúnmìlà revela o segredo dos sete rios, das quatro folhas, do mel, da pena de papagaio e dos pós vermelho e branco.

Ìyámi, satisfeita, diz a Ọ̀rúnmìlà que ele ficará velho, e se tiver necessidade de sua ajuda, bastará cantar aquela canção e fazer as mesmas oferendas onde quer que seja o lugar que ele se encontre, nos sete céus de cima, nos sete céus de baixo, ou em qualquer dos quatro cantos do mundo, seu desejo será atendido.

Esta última história pode ser analisada sob diversos aspectos, mas os mais importantes para nós, agora, são a sabedoria e o reconhecimento de Ifá perante todo e qualquer òrísà, e, além do mais, o quanto realmente ele está disposto a ajudar ou salvar a vida humana.

Inúmeras podem ser as lendas, contos e histórias que demonstrem a importância, o poder e a sabedoria de Ifá, ou de Ọrúnmìlà, mas também basta observar com mais calma para melhor entender que Ọrúnmìlà, olhando simplesmente para o significado de seu nome, é "aquele que pode abrir o além".

Todos os fatos até então relatados já seriam suficientes para que o homem realmente fizesse de Òrunmìlà a sua energia de adoração, pois ele é o verdadeiro caminho para a felicidade e para a total interação do homem junto ao seu interior.

A divindade Ẹ̀la é a salvação, é o equilíbrio, e Ọrúnmìlà é o salvador, é o que irá nos dizer com calma e respeito o que realmente devemos fazer para ir ao encontro de um bom destino.

Ele é quem faz a trilha e demonstra para o homem qual o caminho a ser seguido para alcançar e encontrar o seu Orì Inú (seu Eu interior) e, desta forma, encontrar o equilíbrio, a paz, o conhecimento e a sabedoria, que são os princípios básicos de Ẹ̀la e Ọrúnmìlà.

É através de <u>O</u>rúnmìlà que Òlòdúnmarè exerce e pratica sua função e seus poderes, pois ele é a ferramenta de trabalho do Criador; é quem executa o que o Criador deseja. <u>O</u>rúnmìlà é o poder de Olòdúnmarè; nele estão depositados todos os poderes do Criador para auxílio de seus filhos, procurando ajudá-los a fim de que não sofram nem se desesperem pelas más energias contidas no mundo terreno, criadas e desenvolvidas por nós mesmos.

* * *

Demonstraremos, a seguir, uma das rezas que nós podemos fazer para louvar e invocar <u>O</u>rúnmìlà.

"Adura <u>Ò</u>rúnmìlà"

<u>Ò</u>rúnmìlà ajana o o o o o
Ifa Olokun
A s<u>o</u>r<u>o</u> dayi<u>o</u>
<u>E</u>l<u>e</u>ri Ipin
Ibikeji Olòdúnmarè
<u>Ò</u>rúnmìlà akere finu s<u>o</u>gban
Gbayiegb<u>o</u>run
Olore mi ajiki
Okitibiri ti npa <u>ojo</u> iku da
Okitibiri ti npa <u>ojo</u> iku da

Opitan If<u>e</u>
<u>Ò</u>rúnmìlà o jire loni?
Tid<u>e</u> tid<u>e</u>
<u>O</u>rúnmìlà o jire loni?
Bi <u>O</u>l<u>o</u>ta ti ni nile Aro
Ewi nle Ado
Ka m<u>o</u> e ka Ia
Ka m<u>o</u> e ka ma tete ku
Okunrin dudu oke Igb<u>e</u>ti
<u>Ò</u>rúnmìlà o jire o

Ifa iwo ni ara iwju
Ifa iwo ni ero ikehin
Ara iwaju naa lo ko ero ikehin logbon
Ifa pele o
Okunrin agbonmiregun
Oluwo agbayie
Ifa a mo oni mo ola
A ri ihin ri ohun
Bi oba Òlòdúnmaré
Òrúnmìlà ti mo oyun inu igbin
Ifá pele o erigi a bo la
Ifá pele o okunrin dudu oke Igbeti
Ifá pele o meretelu
Nibi ti ojumo rere ti nmo wa
Ifá pele o omo Enire
Iwo ni eni nla mi
Olooto ayie
Ifá pele o omo enire
Ti nmu ara ogidan le
Oyin tori omo re
O sa wo inu koko igi
Ede firifiri tori omo re
O sa gun oke aja
Òrúnmìlà ti Orì mi fo ire
Òrúnmìlà ta mi lore
Agbeni bi Orì eni
A je ju oogun o

Tradução: "Reza de Òrúnmìlà"

Òrúnmìlà, eu te saúdo
Ifá e Olokun
Que faz o sofrimento tonar-se alegria
Testemunho do destino
Vice pré-existente

Òrúnmìlà, homem pequeno que usa o próprio interior como fonte de sabedoria
Que vive no mundo visível e no invisível.
Meu benfeitor a ser louvado pela manhã
Poderoso que protela o dia da morte
Poderoso que protela o dia da morte
Historiador da cidade de Ifé
Òrúnmìlà, você acordou bem hoje?
Com pulseiras de idé
Òrúnmìlà, você acordou bem hoje?
Da mesma forma que Olota acorda na casa de Aro, assim louvo suas origens em Ado
Quem o conhece está a salvo
Quem o conhece não sofrerá morte prematura
O homem baixo do morro Igbeti
Òrúnmìlà, você acordou bem?
Ifá, você é a pessoa de frente
Ifá, você é a pessoa de trás
É quem vai na frente que ensina a sabedoria aos que vêm atrás
Ifá, saudações
O homem chamado de Agonmiregun
Olwuo do Universo
Ifá é quem sabe sobre o hoje e o amanhã
É quem vê tudo aqui e acolá
Como o rei imortal Òrúnmìlà
Òrúnmìlà, graças a seus muitos conhecimentos, é você quem sabe a respeito da gestação do igbin
Ifá, saudações Egiri a bo la, que, ao ser venerado, traz a sorte
Saudações a ti, homem baixo do morro de Igbeti
Ifá, saudações a tu, Meretelu
De onde vem o sol, de onde vem o melhor dia para a humanidade
Ifá, saudações
Você é o meu grande protetor
Aquele que diz aos homens a verdade
Ifá, saudações a ti da cidade de Enire
Quem faz forte o corpo

A abelha por seu filho
Que correu para dentro da colmeia
O esperto rato por seu filhote
Subiu ao forro da casa
Òrúnmìlà, fale bem através do meu Orì
Òrúnmìlà, me abençoe.

***

Agora, iremos demonstrar outra reza feita pelos yorubás, todos os dias pelas manhãs, para invocar Òrúnmìlà, para que assim possam saber quais são os Odù ou destinos que lhes estão reservados para aquele dia. A curiosidade do povo yorubá em saber o que lhe está reservado para o futuro sempre foi muito grande, fazendo assim, conforme já comentado, consultas ao Ifá antes de tomar qualquer decisão.

Adura Òrúnmìlà

Ifá, o jire loni o?
Ojumo rere ni o mo ojo
Ifá ojumo ti o mo yi
Je ki o san mi sowo
Je ki osan mi somo
Ojumo ti o mo yii
Je o san mi si aiku
Òrúnmilà iba o o

Tradução: “Reza de Òrúnmìlà”

Você, que como o Orì de uma pessoa, assim o apoia, cuja fala é mais eficiente do que a magia
Você, que sabe o que acontecerá hoje e amanhã
Ifá, você acordou bem hoje?
Vem o dia com bom sol
Ifá, neste dia que surgiu
Favoreça-me com prosperidade
Favoreça-me com fertilidade

Que este dia me seja favorável em saúde e bem-estar
Que este dia me seja favorável em longevidade
Òrúnmìlà, saudações a ti.

Obviamente, as traduções que apresentamos neste trabalho não são literais, palavra por palavra, até mesmo porque a gramática yorubá, se assim podemos dizer, pelo fato de o yorubá ser um dialeto totalmente falado e não escrito, é muito complexo e repleto de comparações, principalmente com elementos da Natureza.

Com isso, procuramos adequar o significado das frases yorubás ao mais lógico e provável entendimento de nossa língua.

Continuando, podemos, com toda certeza, afirmar que Òrúnmìlà é poliglota, podendo ouvir e responder a qualquer ser de qualquer um dos mundos existentes, principalmente os do nosso, pois, conforme já dito, tudo o que existe no nosso mundo está espelhado nos demais, inclusive nós, seres humanos.

Sendo assim, podemos também afirmar que, para passar a cultuar Ifá e/ou conhecer seus segredos não é necessário que a pessoa seja espírita nem candomblecista, pois Ifá é universal, e não é preciso cultuar Òrìsà para cultuar Ifá.

O culto a Ifá nada mais é que o culto a si mesmo; quem cultua Ifá está cultuando a si mesmo e suas raízes e origens; cultuar Ifá significa querer errar menos nas atitudes tomadas na vida. O culto a Ifá é a real ligação entre o homem e seu destino. É por meio do culto e do aprendizado de Ifá que o homem pode vir a encontrar o seu bom Iwá (destino pessoal), mas nunca deve se esquecer nem deixar de dar oferendas e agrados a Èsù, que é quem detém para si os bons e maus caminhos. E Èsù quem pode mudar o destino de uma pessoa caso não esteja satisfeito com seu comportamento e atitudes, podendo esse comportamento ser social, pessoal ou religioso.

As respostas aos problemas de uma pessoa não são ditas só por Ifá ou Èsù, mas também pelo seu Olorì (Senhor da Cabeça Individual), que transmite ao seu filho, pelo sistema de Ifá, a solução para seu problema.

Olòrún concedeu a Òrúnmìlà o poder de falar por todos os Òrìsà, sem distinção ou exceção, podendo falar ainda até pelas próprias Iyámi ou pelos Onilé (Senhores da Terra). Assim, Ọrúnmìlà indica por intermédio de Ifá a oferenda que a pessoa deve fazer para determinado Òrìṣà a fim de obter a solução de um problema, problema este que, muitas vezes, pode ser causado pelo fato do não cumprimento da pessoa perante as interdições de seu Olorì, ou seja, do não cumprimento dos Èèó̀ò (tabus, interdições).

O sistema de divinação sagrada que pertence a Ọ̀rúnmìlà, em que este se apresenta na forma de Ifá, nada mais é do que uma tradição muito antiga, que exige muito aprendizado, conhecimento, fé e obediência às tradições do seu culto. Na África, essa tradição esteve diretamente ligada ao sistema político da Nigéria e seus diversos povos. Políticos, reis, fundadores, chefes de povoados e outros estavam sempre consultando Ifá para saber a maneira correta de agir perante seu povo; eles estavam sempre idolatrando Ifá e os Bàbáláwo, que traziam consigo o poder da felicidade e da infelicidade dos reis, como também o poder da morte e da vida dos reis e de seus povos. Além disso, o sistema de divinação sagrada de Ifá consiste em fornecer alívio ao consulente, seja ele quem for, não importando a sua situação financeira nem seu *status* perante a sociedade.

Este alívio quase sempre resultará do cumprimento de uma oferenda a uma determinada energia. Feita a oferenda, a solução do problema da pessoa ficará nas mãos e a critério da divindade e sofrerá a influência das atitudes que ela tomar após terminar a oferenda.

Èṣù e Bara

Neste capítulo, vamos a alguns dos principais conceitos de Èṣù e Bara, não apenas de maneira individualizada, mas, inclusive, coletiva e com as diferentes formas que a energia Èṣù pode se apresentar.

Daremos também grande ênfase à ligação cada vez mais dialética entre Èṣù e Ifá, tanto no sistema divinatório quanto no elo que existe entre os dois, até certo ponto de dependência e independência entre si.

Não é possível falar de Èṣù, seja na sua forma arquetípica conhecida, seja nos seus fundamentos e desenhos originais, sem que se faça, pelo menos, uma rápida incursão por dois temas: o primeiro diz respeito à vinda dos africanos e das religiões africanas para o Brasil, que deram origem ao atual Candomblé, por meio da diáspora forçada que o processo de escravização negra representou, e diz respeito também ao que ocorreu durante a história da colonização europeia na África e à correspondente cristalização da cultura africana. O segundo refere-se à questão do sincretismo e suas consequências, fato que naturalmente ocorreu em virtude das circunstâncias da vida escrava.

No fim do século XV, iniciou-se o que pode ser considerado como tráfico negreiro. As primeiras experiências se deram na Ilha da Madeira e em Porto Santo. Posteriormente, os africanos foram levados também para Açores e Cabo Verde. Em meados do século XVI, começaram, então, a ser trazidos para o Brasil.

Com o apoio de quase todos os governos da Europa, iniciou-se uma forma de mercado que facultava grande margem de lucro, que era a compra de escravos nas costas da África, seu transporte e venda como mercadoria. Vários países se empenharam, então, nessa atividade e muitas rivalidades surgiram da competição entre França, Inglaterra, Holanda e Portugal.

Na América, então recém-descoberta, os grandes latifúndios exigiam a cada dia mais braços vigorosos para o trabalho na lavoura.

Os negros trazidos da África para o Brasil pertenciam a diversas culturas. Esse contingente pode ser dividido, basicamente, em quatro grupos:

Sudaneses: corresponde aos negros trazidos da Nigéria, do Daomé e da Costa do Ouro. São os yorubás, ewe, fons e os fanti (chamados de mina), krumanos, agni, zema e timini.

Civilizações islamizadas: especialmente representadas pelos peuls, mandingas, haussa, tapa, bornu e gurunsi.

Civilizações Bantu do grupo Angola-congolês: representadas pelos ambundas (casangues, bangalas, dembos) de angola, congos ou cambindas do Zaire e os benguela.

Civilizações Bantu da Contracosta: representadas pelos moçambicanos (macuas e angicos).

Com o tráfico negreiro, chegaram ao Brasil milhares de africanos na condição de escravos, os quais se espalharam do norte ao sul da colônia. Provenientes de vários pontos da África, muitas vezes não falavam uma mesma língua ou dialeto. Tinham guerreado entre si, pertencendo a diferentes nações e/ou localidades, cultuavam as divindades de suas tradições, que também eram distintas umas das outras. Em comum, tinham apenas a condição social de escravos, o aviltamento decorrente dessa situação, e cosmovisões de uma matriz comum que definia suas relações sociais e os contextualizava dentro da criação. Assim, os africanos trouxeram consigo sua fé e religiosidade.

Quando os primeiros africanos chegaram ao Brasil, a Coroa de Portugal criou uma lei que, no seu primeiro artigo, determinava que todos deveriam ser batizados na religião Católica. Caso o batismo não fosse realizado em um prazo de, pelo menos, cinco anos, as "peças" deveriam ser vendidas e a importância relativa à transação comercial, revertida para a Coroa. Outros artigos importantes dessa lei, tais como o prazo de escravidão por um período não superior a dez anos, foram sendo, pouco a pouco, alterados, de modo que, na verdade, a lei jamais foi cumprida, salvo no que diz respeito ao batismo cristão.

Essa legislação atendia, acima de tudo, às relações entre o governo português e a Igreja Católica, e à teologização da Igreja Católica a respeito da África, dos africanos e da escravidão.

A tese de que a África era a terra da maldição é defendida por vários teólogos cristãos. O Padre Antônio Vieira, em seus Sermões (XI e XXVII), afirma que a África é o inferno de onde DEUS se digna a retirar os condenados, pelo purgatório da escravidão nas Américas, para finalmente alcançarem o paraíso. O mesmo Padre Antônio Vieira, no Sermão XIV do Rosário à Irmandade dos Pretos de um Engenho, elaborado em 1633, ao comentar o texto de São Paulo I Cor, 12,13, o entende no sentido de que os africanos, sendo batizados antes do embarque da África para a América, deviam agradecer a DEUS por terem escapado da terra natal, onde viviam como pagãos entregues ao poder do Diabo.

E diz: "todos os de lá, como vós credes e confessais, vão para o inferno, onde queimam e queimarão durante toda a eternidade".

Em outro sermão, ainda, Vieira diz que, para ele, o cativeiro do africano na América não é senão um meio-cativeiro, pois atinge só o corpo. A alma não está mais cativa, pois se libertou do poder do Diabo que governa a África, e o escravo, no Brasil, deve tentar preservar essa liberdade da alma para não cair de novo sob o domínio dos poderes que reinam na África.

Em 1873, uma oração pela conversão dos povos da África Central para a Igreja Católica, escrita pela Secretaria da Sagrada Congregação das Indulgências, dizia assim: "Rezemos pelos povos muito miseráveis da África Central, que constituem a décima parte do gênero humano, para que DEUS, o Onipotente, finalmente tire de seus corações a maldição de Cam e lhes dê a bênção que só podem conseguir em Jesus Cristo, nosso DEUS e Senhor. Senhor Jesus Cristo, único Salvador de todo o gênero humano, que já reinas de mar a mar e do rio até o confins da terra, abre com benevolência o teu sacratíssimo coração, mesmo às almas mui miseráveis da África que, até agora, se encontram nas trevas e nas sombras da morte, para que, pela intercessão da puríssima Virgem Maria, Tua Mãe imaculada, e de São José, tendo abandonado os ídolos, se prostrem diante de Ti e sejam agregados à Tua Santa Igreja".

Vejam que, a partir da visão teológica que aqui colocamos, se estabelece a relação entre religiões africanas, religiões dos dominados e a religião branca europeia e cristã dos dominadores, seja na América e, particularmente, no Brasil; seja na África, durante os processos de colonização. Do encontro, mais do que do embate, dessas duas culturas, dessas duas cosmovisões, desses dois troncos religiosos, surge o sincretismo.

Na verdade, seja aqui ou na África, o branco é aquele que primeiro quis se aproximar das divindades africanas para, posteriormente, poder ajustá-las e adaptá-las ao Catolicismo, em particular, e ao Cristianismo em geral.

Era preciso, sem dúvida, que com a introdução do africano na religião Católica, por meio do batismo obrigatório, se processasse o esvaziamento de sua identidade e a fragilização de suas possibilidades de resistência cultural.

Podemos dizer que o sincretismo, diferentemente de muitos sistemas religiosos, constitui-se mais do desenvolvimento de uma estratégia branca de dominação do que de um movimento de salva-guarda de valores e de resistência à dominação cultural e religiosa por parte dos negros. Assim sendo, não podemos deixar de pensar que o sincretismo resulta da capacidade dos africanos de resistir à dominação e da não garantia de sua segurança e identidade durante o processo de escravidão.

Degradação dos arquétipos

Nesse encontro entre divindades africanas e santos católicos, os primeiros são colocados sob a tutela ou à dimensão dos segundos e como sendo inferiores. Os arquétipos relacionados a cada Òrìṣà terminam por degradar-se, em um processo pleno de foco permeado pelos referenciais da moral católica. Assim, quando possível, despoja-se os

Òris̱à de suas características de vitalidade e sensualidade; quando não se coloca sua dimensão em um quadro preconceituoso e moralista que altera profundamente o espaço que ocupam e o papel que desempenham no âmbito de uma cosmovisão rica e completa. Nesse processo, sem dúvida deliberado, de retirar dos escravos o suporte religioso e cultural capaz de assegurar-lhes a resistência efetiva à dominação do espírito, os Òris̱à foram deformados e tornados extremamente pequenos, como, por exemplo, Ès̱ù.

Quem é esse homem das encruzilhadas, muitas vezes bêbado, sempre malandro e disposto a desviar os homens dos perfeitos caminhos? Quem é essa figura diabólica, instrumento do mal, tão próxima dos homens pecadores? Quem é essa imagem de Diabo ou Satã, inimigo de Deus e o terror dos homens de bem? O andarilho, o avesso à ordem e as estruturas? Aquele ser perigoso, sempre disposto a colocar o mundo em perigo e virá-lo de cabeça para baixo? É esse mesmo Ès̱ù que é o senhor entre os Òris̱à? É este mesmo Ès̱ù que é o líder dos Òris̱à? É este mesmo que é o primogênito do Universo, a primeira estrela a ser criada? A criança querida de Òlódúnmaré? Porque é exatamente assim que é chamado em muitos Itan do corpo literário de Ìfá, estrutura do conhecimento oral depositário da revelação da religião, conjunto riquíssimo de conhecimentos esotéricos e registros históricos da milenar tradição de alguns povos africanos.

Inspetor de Òlódúnmaré, desde o princípio dos tempos; o porteiro de Deus – esses são alguns de seus títulos na essência da nossa reiligião. É esse Ès̱ù que devemos cultuar e reverenciar, pois é aquele que abre os caminhos e atrai a prosperidade.

Quando entramos em contato mais profundo com as rezas, as louvações e saudações feitas a Ès̱ù, somos remetidos, necessariamente, a uma análise mais profunda do Òris̱à Ès̱ù do que aquela que costumamos encontrar nas oportunidades em que assistimos pessoas falando sobre ele.

Somos remetidos à visão de Ès̱ù enquanto guardião e fiscalizador de tudo e de todas as coisas dentro da criação e Criador. Sua íntima associação com o Criador, como aquele que trabalha ao Seu lado, é transparente nos títulos com que é nomeado. Podemos inferir, por eles, que Ès̱ù garante o andamento ou o desenvolvimento do projeto de Òlódúnmaré para a criação, assegurando a continuidade e a dinâmica de todos os processos com vistas à primazia da ordem em todas as realidades.

Em um Ìtan do Odù Òs̱é Òtúrá, encontramos essa questão claramente colocada quando vemos que Ò̱rúnmìlà, quando chegou ao Òrún para descrever a Òlódúnmaré o que estava se passando na Terra, lá encontrou Ès̱ù na sua forma de Ès̱ù Odara, que aos pés de Òlódúnmaré fazia seu relatório. Desta forma, quando Òlódúnmaré recebeu Ò̱rúnmìlà, ele já conhecia os problemas que se passavam na Terra com os Òrìs̱à. Para cumprir efetivamente seu papel, Ès̱ù está presente em todos os espaços, está junto de cada ser vivo. Assim também está presente nas cidades, nas vilas, em cada rua e em cada casa, exercendo seu papel, enquanto princípio dinâmico, de comunicação e individualização de todo o sistema. Mais do que isso, Ès̱ù são os olhos, os ouvidos e a presença de Òlódúnmaré em todo o Universo.

Dois Itan, em especial, nos contam sobre Ès̱ù. O primeiro narra que, no princípio dos tempos, nada existia além do ar. Òlò̱rún era uma massa infinita de ar que, quando começou a se movimentar, lentamente, a respirar, levou uma parte do ar a transformar-se em massa de água, originando o grande Òrìs̱ánlá. O ar e a água moveram-se conjuntamente e uma parte se transformou em lama. Dessa lama originou-se uma bolha, a primeira matéria dotada de forma, um rochedo avermelhado e lamacento. Òlò̱rún admirou essa forma e soprou-a, insuflando-lhe seu hálito e dando-lhe a vida. Essa forma, a primeira dotada de existência individual, um rochedo de lacterita, era Ès̱ù, mais precisamente Ès̱ù Obá Yiangí. Por esse Itan foi possível observar que Ès̱ù é o primeiro nascido, o primogênito do Universo. É também assim o terceiro elemento, aquele nascido da interação entre ar e água.

Temos também um segundo Itan, só que agora este é do Odù Ògbè Òwónrín, que relata o fato da multiplicação ao infinito de Ès̱ù Yiangí em consequência da ação de Ò̱rúnmìlà, em um processo que permitiu que Ès̱ù povoasse todo o Universo e definiu-lhe condições para exercer o papel de inspetor-geral. Ao mesmo tempo, conforme o Itan também relata, esse processo gerou o contrato entre Ò̱rúnmìlà e Ès̱ù, que define para Ès̱ù o papel de executor dos projetos e controlador dos destinos, aquele que garante o cumprimento das prescrições de Ifá. Ès̱ù Yiangí é chamado pelos yorubás de Oba Bàbá Ès̱ù, ou seja, o rei pai de todos os Ès̱ù.

Essa saudação e esse Itan nos remetem à questão de que existem muitos Ès̱ù, ou melhor dizendo, que há diferentes maneiras pelas quais podemos encontrar a energia designada de Ès̱ù em uma determinada função ou no cumprimento desta, ou seja, todos mantêm a mesma natureza. A multiplicação que se fez necessária para que houvesse a devida especialização no processo de povoação do Universo e para que Ès̱ù só constituísse efetivamente a menor unidade de informação do sistema, em particular a Terra, um Itan do Odù Ògbè Ìrè̱tè mostra Ès̱ù Àgba liderando-os na chegada ao àyié e designando-os para os diferentes propósitos. O Itan relata que Òlódúnmaré criou Ès̱ù como um ser muito especial, pois ele tem que existir junto de tudo e fazer frente a cada pessoa e a cada Òrìs̱à.

Este Itan, além de nos trazer a ideia da individualização e, consequentemente, da especialização de Ès̱ù junto à Terra, em particular, e à criação, em um sentido mais geral, nos remete a um trecho de um Itan do Odù Òtúrá Méjì que diz: "Ès̱ù disse que quem tiver prosperidade na Terra tem que separar a parte de Ès̱ù; que quem quiser procriar na Terra não pode deixar Ès̱ù para trás; que quem quiser prosperidade na Terra não pode deixar Ès̱ù para trás. Ès̱ù pergunta a Orì se ele não sabe que Ès̱ù é o mensageiro de Olórún".

A propósito, temos também um certo trecho muito interessante do Itan Odù Òtúrá Méjì que diz: "Ès̱ù foi e sentou-se na encruzilhada, todos os que estavam vindo até Òlódúnmaré teriam que dar algo para Ès̱ù, e ainda os Bàbáláwo jogaram para as 3.200 divindades, quando eles foram para a casa de Òlódúnmaré para receber seus poderes. Isso é porque Ès̱ù é mais grandioso do que todas as divindades".

Este último trecho nos mostra a relação entre Ès̱ù e os Òrìs̱à: é preciso reforçar a ideia de que Ès̱ù cumpre para com os Òrìs̱à e divindades a mesma natureza de papel que cumpre em relação aos seres humanos. Assim, eles os assiste, acompanha, regula e corrige, fazendo sobre eles o seu trabalho, ou seja, o seu relatório periódico a Òlódúnmaré.

Iremos também relatar uma pequena passagem do Ìtan do Odù Ògúndá Méjì que diz, referindo-se a uma conversa dos Bàbáláwo com Òsányin após a briga dele com Èṣù: "Você foi brigar com Èṣù. Você não sabia que ele é o líder dos Òrìṣà? Não há nenhuma divindade que desafie Èṣù; em razão desse desafio feito a Èṣù nada podemos fazer por você, Òsányin".

Até agora, comentamos diversas lendas e fatos que somente enaltecem a energia denominada de Èṣù, porém, a seguir, iremos demonstrar o que chamamos de oríkí de Èṣù, que é uma evocação de Èṣù.

"Oríkí Èṣù"

Èṣù òta Òrìṣà
Oṣétùrá ni orúkọ bàbá mò ó
Alágogo Ìjà ni orúkọ ìyá npèé
Èṣù Òdàrá ọmọkùnrin Ìdólófin
O lé sónsó sí orí ẹsè elẹsè
Kò jê kò jê ki ẹni nje gbé mi
A kìì lówó lái mú ti Èṣù kúrò
Akìì layò lái mú ti Èṣù kúrù
Asòntún se òsì ni ítijú
Èṣù àpáta sómo ọlọmọ lénu
O fi okutá dípo iyò
Lóògemo òrún a nla kálù
Pàápa wàrá túká máse sá
Èṣù máse mi ọmọelòmíràn ni o se

Tradução: "Evocação de Èṣù"

Èṣù o inimigo dos Òrìṣà Èṣù Òdàrá
Oṣétùrá é o nome pelo qual você é chamado por seu pai
Alágogo Ìjà é o nome pelo qual você é chamado por sua mãe

Ès̲ù Òdàrá, o homem forte de Ìdólófin
Ès̲ù é quem senta nos pés dos outros
É quem não come e não permite a quem está comendo que engula o alimento
Quem tem dinheiro reserva para Ès̲ù a sua parte
Quem tem felicidade reserva para Ès̲ù a sua parte
Ès̲ù é quem joga em dois times sem nenhum constrangimento
Ès̲ù é quem faz a pessoa falar coisas que não deseja
Ès̲ù é quem usa pedra em vez de sal
Ès̲ù, indulgente filho de Deus, cuja grandeza se manifesta em toda parte
Ès̲ù é apressado, inesperado; é quem quebra fragmentos que não se poderão juntar novamente
Ès̲ù, não me manipule, manipule outra pessoa.

* * *

Agora, vamos demonstrar um Itan que determina como Ès̲ù se tornou respeitado por todos os Òrìs̲à.

"Odù Õtúrúpõn"

A folha de igba, a que tem semelhança ao igba,
A folha de emen, a que tem semelhança a emen,
A folha de roro, e a que tem semelhança ao gboro,
Quando a fruta rorogbodo nasce,
Ela fica caída observando as obras divinas de Òlódúnmarè.
São estes os seres míticos que adivinharam para Ès̲ù
Quando ele disse que iria ser o líder de todos os Òrìs̲à
Ògún era o rei na cidade de Aro.
S̲àngó era rei em Koso.
Òya era rainha em Ira. Òs̲à há era rei na cidade de Iranje.
Ogiyan era rei na cidade de Efo̲n.
Ifá era rei na cidade de Ifá.
Ifá desafiou Ès̲ù, dizendo a ele que era uma mentira, ele não podia ser o líder dos Òrìs̲à.
Perguntaram a Ès̲ù

Onde é que ele iria deixar os Òrìṣà que eram reis
A ponto de ele se autoproclamar "o rei sobre os reis".
Reuniram-se todos os Òrìṣà e resolveram levar o caso a Òlódúnmarè,
Que é pai de todos os Òrìṣà.
Ao chegarem à casa de Òlódúnmarè
Foi confirmado por ele que Èṣù é e será sempre líder de todos.
Todos os Òrìṣà disseram que não iriam aceitá-lo como seu líder.
Resolveram lutar todos um a um com Èṣù
Na encruzilhada que liga o Òrún com o àiyé.
Somente após essa luta iriam saber quem era líder dos Òrìṣà.
Portanto, combinaram o dia, para dar início à luta.
O primeiro Òrìṣà a enfrentar Èṣù foi Ògún.
Èṣù, com seu poder e sabedoria, atirou Ògún no chão
Com vergonha e irritação,
Ògún foi embora para a cidade de Aro,
E entrou para a terra.
Antes de entrar para a terra, disse aos seus amigos
Que quem desejasse cultuá-lo
Deveria juntar muito ferro e mariwo.
O segundo a lutar contra Èṣù foi Sàngó,
Èṣù pegou Sàngó com sua sabedoria e força
E o atirou contra o chão.
Com vergonha e muito aborrecido,
Ele foi embora para Koso e ali se fincou na terra.
Antes de se fincar na terra, disse aos seus amigos
Que quem desejasse cultuá-lo
Deveria juntar muito edun-ara.
O terceiro a lutar com Èṣù foi Òṣàlá.
Èsú pegou Òṣàlá com sua sabedoria e força
E o atirou contra o chão,
Com vergonha e muita irritação,
Òṣàlá foi embora para Iranje e ali se fincou.
Antes de se fincar na terra, disse aos seus amigos
Que quem desejasse cultuá-lo
Deveria providenciar ota e opa-osoro.
E providenciar água arifohun.

O quarto Òris̲à a enfrentar Ès̲ù foi Òya,
Ès̲ù pegou Òya com sua sabedoria e força
E a atirou no chão,
Òya foi embora para Ira e ali se fincou.
Antes de se fincar no chão,
Òya disse aos amigos que quem desejasse cultuá-la
Deveria providenciar o̲ta e chifre de búfalo.
O último a lutar com Ès̲ù foi Ogiyan,
Ès̲ù, o sábio e poderoso com sua sabedoria,
Pegou Ogiyan e atirou contra o chão.
Com muita vergonha e irritado,
Ogiyan foi embora para Okiti Efo̲n e ali se fincou.
Antes de se fincar no chão,
Ogiyan disse aos amigos que quem desejasse cultuá-lo
Deveria providenciar o̲ta.
Ès̲ù levantou-se e foi se encontrar com Òlódúnmarè,
Dizendo a ele que lutou com os outros Òris̲à
Que disputavam a liderança com ele.
E que ele lutou e venceu todos.
Pediu a Òlódúnmarè que lhe entregasse o às̲e,
Para que ele se tornasse líder dos Òris̲à.
Então, Òlódúnmarè atendeu seu pedido e lhe entregou o às̲e.
Para que Ès̲ù se tornasse o líder dos Òris̲à
Òlódúnmarè também lhe deu às̲e
Para que ele fosse respeitado por todos os Òris̲à
E que o Òris̲à que desrespeitasse Ès̲ù não teria às̲e.
Assim, Ès̲ù tornou-se líder dos Òris̲à.

* * *

Temos aqui outra reza que pode ser utilizada antes de diversos tipos de trabalhos para Ès̲ù, na qual podemos claramente observar a insistência quanto à preocupação de, antes de se pedir ou falar qualquer coisa para Ès̲ù, demonstrar o imenso respeito que se tem por ele. Esta reza não é de origem africana, pois foi criada aqui, por nós, brasileiros.

"Adura Ès̱ù"

Yago o o o,
Yago,
Ès̱ù yago,
Mo pe gbure
Yago
Yago o o o
Yago o o o
Ès̱ù yago,
Mo pe Gbure
Yago o o
Ès̱ù je nraye soro,
Ès̱ù je nraye soro,
Elegbara Ès̱ù je nraye soro
Elegbara Ès̱ù je nraye soro
Ès̱ù je nraye soro,
Ès̱ù je nraye se,
Ès̱ù je nraye soro,
Ès̱ù ona mo juba re e e,
Ès̱ù ona, ona mo juba re e e,
Elegbara Ès̱ù ona mo juba re e e,
Ès̱ù ona mo juba re e e,
Ès̱ù ona,
Elegbara iba re mo maa je e e o.

Tradução: "Reza de Ès̱ù"

Com licença,
Com licença,
Ès̱ù, com licença,
Quero fazer um pedido.
Com licença,
Com licença,
Com licença,
Com licença, Ès̱ù

Quero fazer um pedido.
Ès̱ù, me dê um espaço para rezar,
Ès̱ù, me dê um espaço para rezar,
Ès̱ù, me dê um espaço para falar,
Ès̱ù, me dê um espaço para falar,
Ès̱ù, me dê um espaço para rezar,
Ès̱ù, me dê um espaço para rezar,
Ès̱ù, me dê um espaço para fazer o meu espaço,
Ès̱ù, me dê um espaço para fazer o meu espaço,
Ès̱ù, me dê um espaço para falar,
Ès̱ù dos caminhos, eu saúdo você,
Ès̱ù dos caminhos, eu saúdo você,
Elegbara Ès̱ù dos caminhos, eu saúdo você,
Ès̱ù dos caminhos, eu saúdo você,
Ès̱ù dos caminhos,
Elegbara, estarei sempre saudando a você.

* * *

Nesta próxima Adura iremos demonstrar outro tipo de invocação de Ès̱ù, em que, além de se pedir a sua presença, também se pede que ele traga sorte consigo. Reza extraída do Odù Ògúndá Méjì.

"Adura Ès̱ù"

Ogunda I'awo alagba
Iwori I'awo alupese
Ògún ti a I'agba lu'pese si
Ògún koro logun ayoda
Ògún d'ogun l'owo oba
A d'ifa fun omokunrin dudu ita
E duro ki Ès̱ù
Eni duro ki Ès̱ù
Ès̱ù ni yo O tun tiwon se
E duro, e ki Ès̱ù.

Tradução: "Reza de Ès̲ù"

Ogunda é adivinho para o velho tocador de tambor
Iwori é o adivinho para ipese (tambor sagrado de Ifa)
Guerra iminente é anunciada com toques de tambor ipese
Não é mais uma guerra secreta
A guerra aconteceu e envolveu aquele rei
Adivinhação para Ògún do lado de fora
Pare e louve Ès̲ù (respeite Ès̲ù)
Aqueles que param e louvam Ès̲ù
Ès̲ù os guardará por suas graças
Pare e louve Ès̲ù.

A lenda a seguir descreve o imenso relacionamento entre Ès̲ù e Ò̲rúnmìlà, extraído do Odù.

Ogbè fala sobre o nascimento e a multiplicação de Ès̲ù no mundo natural e nos nove céus do mundo sobrenatural. Esse símbolo apareceu para Ò̲rúnmìlà quando ele foi consultar um poderoso Bàbáláwo.

Nijó ti nlo rèé tó̲ro̲ o̲mo̲, Lòdó Òrìs̲à ìgbò-wujì

No dia em que ele foi requerer uma criança
A Òrìs̲à Ìgbò-wùjì (Òrìs̲ànlá)

A lenda relata que Òlódúnmarè e Òrìs̲ànlá estavam começando a criar o ser humano. Primeiramente, eles criaram Ès̲ù, que adquiriu força, sabedoria e inteligência, ficando em posição de superioridade em relação a seus criadores: "Ès̲ù si le àwon mejeji lo̲". Òlódúnmarè mandou que Ès̲ù viesse para viver com Òrìs̲ànlá; Ès̲ù se tornou guardião da entrada da morada de Òrìs̲ànlá e servia como seu representante indo e vindo, cumprindo com obrigações e tarefas que eram delegadas a ele. Foi então que Ò̲rúnmìlà, com desejo muito forte de ter um filho, procurou Òrìs̲ànlá; ele lhe disse que ainda não tinha terminado sua tarefa, que era a criação dos seres humanos, e pediu que Ọ̀rúnmìlà voltasse algum tempo mais tarde. Ọ̀rúnmìlà ficou muito insatisfeito e insistiu para que Ọ̀rìṣànlá lhe desse uma criança de qualquer modo, e que não sairia dali sem um filho. Ọ̀rìṣànlá, muito irritada com a impaciência de Ọ̀rúnmìlà, repetiu-lhe que não tinha ainda nenhuma criança para lhe dar. Então, Ọ̀rúnmìlà perguntou de quem era aquele que estava na entrada de sua casa e disse que era aquele mesmo que ele queria. Ọ̀rìṣànlá lhe explicou que aquele não era um ser para ser criado no mundo natural, mas diante da insistência de Ọ̀rúnmìlà, Ọ̀rìṣànlá resolveu acatar seu desejo. Pediu que Ọ̀rúnmìlà colocasse suas mãos sobre Èṣù e que, quando voltasse ao mundo natural, ele deveria manter relações com sua esposa Yebiírú, que rapidamente conceberia um filho macho, como era o desejo de Ọ̀rúnmìlà. Doze meses mais tarde nasce o filho homem de Ọ̀rúnmìlà, que Ọ̀rìṣànlá designou que fosse chamado de Alágbára, Senhor do Poder, mas Ọ̀rúnmìlà decidiu chamá-Io de Elégbára, e, sendo assim, desde que ele pronunciou seu nome pela primeira vez, a criança lhe respondeu:

Iyá, Iyá
Ng o jẹ eku
Mãe, mãe
Eu quero comer preás.

A mãe respondeu:
Ọmọ naa jẹé
Ọmọ naa jẹé
Ọmọ l'okùn
Ọmọ ni dẹ
Ọmọ ni jìngìndìnrìngín
A um sẹ yì, mú s'òrun
Ara ẹni.
Filho, come, come,
Filho, come, come.
Um filho é como contas de um caracol vermelho,
Um filho é como cobre,
Um filho é como alegria inextinguível,
Uma honra apresentável, que nos representará depois da morte.

Querendo saciar o desejo de seu único filho, Òrúnmìlà trouxe todas as preás que ele pôde encontrar, e ficou satisfeito em ver Èṣù as devorar. No dia seguinte houve a mesma cena de Èṣù, pedindo e comendo todos os peixes que ele via na sua frente, ele acabou comendo todos que havia na cidade. E isso foi se repetindo todos os dias; cada hora ele queria comer alguma coisa. Sua mãe cantava todos os dias os versos anteriormente descritos e ainda completava:

Mọ r'omo ná
Aji logba aṣo
Omọ máa.
Visto que consegui ter um filho,
O que acorda e usa duzentas vestimentas diferentes,
Filho continue a comer.

Depois Èṣù queria comer carne. Sua mãe, como de costume, cantarolava os versos. Seu pai foi atrás de todo tipo de carne que pudesse encontrar; não satisfeito com o que o pai trouxe, Èṣù começou a chorar. No dia seguinte, Èṣù disse:

Iyá, iyá,
Ng ó jê ó!
Mãe, mãe,
Eu quero comê-la!

E a mãe, cantarolando, lhe disse: "filho come, come, filho come".
Foi assim que Èṣù engoliu a própria mãe. Òrúnmìlà, assustado com a atitude do filho, resolveu procurar um Bàbáláwo, que lhe recomendou fazer a oferenda de uma espada, de um bode e de 14 mil kauris. Òrúnmìlà fez a oferenda.

No sexto dia depois de seu nascimento, Èṣù disse:

Bàbá, bàbá
Ng ó jê ó!
Pai, pai,
Quero comê-lo!

Òrúnmìlà, então, cantou a canção de sua mãe para Èṣù, e quando este se aproximou, Òrúnmìlà saiu em perseguição a seu filho com a espada na mão; Èṣù fugiu. Quando Òrúnmìlà o capturou, começou a reunir os pedaços de seu corpo, espalhando-os, e cada pedaço se transformou em um Yangí.

Òrúnmìlà cortou seu filho em 200 pedaços e eles se transformaram em 200 Yangí. Quando Òrúnmìlà se deu conta, um dos pedaços de Èṣù se levantou e tornou a fugir. Òrúnmìlà só conseguiu recapturá-lo no segundo Òrún, e lá Èṣù estava inteiro novamente. Seu pai tornou a cortá-lo em 200 pedaços, que se transformaram em Yangí. Isto aconteceu nos nove céus, que ficaram assim povoados de Yangí. No último Òrún, depois de ter sido talhado, Èṣù decidiu entrar em acordo com Òrúnmìlà, pedindo-lhe que não mais o perseguisse, e que quando precisasse de ajuda, era só consultá-la que ele seria seu representante; cada vez que fosse necessário fazer algum trabalho, era só ordenar que eles fariam, como se fossem seus verdadeiros filhos. Èṣù se comprometeu que seria ele mesmo quem responderia por meio dos Yangí cada vez que fosse consultado. Òrúnmìlà perguntou-lhe sobre sua mãe, que ele havia devorado, e Èṣù devolveu sua mãe a Òrúnmìlà e acrescentou:

Òrúnmìlà ki o máa kési oun
Bi ó bá féé gba gbogbo àwon nkan
Bi eran ati eye
Ti oun je ti àiyé
Pé òun ó máa ràn lówo
Làtí gbà padà fún làti owo àwon aràiyé.
Òrúnmìlà deveria chamá-lo
Se ele queria recuperar a todos e
Cada um dos animais e das aves
Que ele tinha comido sobre a Terra;
Ele (Èṣù) os assistiria para
Reavê-los das mãos da humanidade.

Òrúnmìlà e Yébìírú voltaram para a cidade de Iworo e, a partir desse momento, ela começou a parir muitos filhos de ambos os sexos.

Como já vimos, cada ser humano tem seu próprio Èṣù individual que o acompanha por toda parte, elemento que permitiu seu nascimento, desenvolvimento ulterior e multiplicação. Para que possa dar continuidade ao seu ciclo de vida naturalmente, deve, imprescindivelmente, compensar, por meio de oferendas, os alimentos, o às̱e devorado metaforicamente por seu início de vida única e individual. É como se o andamento de vida estivesse equilibrado, impulsionado e controlado por Ès̱ù, e fosse baseado na absorção e na restituição constantes da matéria.

A criança do Itan de Ò̱rúnmìlà, depois de assumir a responsabilidade de devolver todos os animais com os quais se alimentou, devolveu sua mãe; como se as oferendas dos Ès̱ù restituíssem a mãe símbolo, Iyá Nlá, imagem coletiva da matéria de origem, a lama, de onde emergiu o primeiro Ès̱ù Yangí.

Com efeito, a íntima relação entre Ifá e Ès̱ù é indiscutível, assim como a de Ès̱ù com todo tipo de sistema oracular.

A relação complexa entre Ò̱rúnmìlà e Ès̱ù resume-se em apenas ressaltar dois aspectos:

- O sistema oracular funciona graças a Ès̱ù e é instrumentado por objetos que simbolizam *descendents-progênie*;
- Tanto Ès̱ù quanto Ò̱rúnmìlà são os mais poderosos aliados e propulsores da existência individualizada.

Para melhor compreender o que foi dito antes, iremos ilustrar o seguinte:

Ò̱rúnmìlà, também conhecido sob o nome de Ifá, "Òrìs̱à da sabedoria", foi encarregado do uso do conhecimento para a interpretação do passado, do presente e do futuro e também para a ordenação geral da Terra.

Ifá acumula os ensinamentos universais yorubás, teológicos e cosmológicos da gênese e das experiências míticas dos seres e dos mundos sobrenaturais e naturais. Todo esse patrimônio complexo e rico da sabedoria ancestral africana ficaria totalmente imóvel sem o trabalho desenvolvido por Ès̱ù.

A principal função do oráculo, conforme dito anteriormente, é a de fornecer uma resposta às necessidades de indivíduos a fim de restaurar e manter o desenvolvimento de uma vida harmoniosa para os que o consultam. O símbolo-resposta, o Odù e suas respectivas histórias exemplares, implica sempre em uma oferenda sem a qual o oráculo seria apenas um jogo de palavras sem eficácia. É a execução da oferenda, que só Èṣù Ojise Ebọ é capaz de transmitir e tornar aceitável, que permite ao consulente alcançar o seu objetivo.

É necessário insistir para que Ọ̀rúnmìlà se utilize do àṣẹ de Èṣù, isto é, do poder, da força e das funções específicas de Èṣù, para atuar e se expressar.

Ọ̀rúnmilà, o Òrìṣà funfun, símbolo coletivo dos Irúnmọ̀lẹ̀, dos ancestrais míticos e divinos, só pode se comunicar com seus descendentes por meio de um intermediário da mesma ordem.

Foi possível extrair de um Itan de Ìfá uma informação realmente completa do que é Bara. Iremos somente descrever a conclusão desse Itan por causa de sua longa extensão.

Esse Itan relata como os seres do Òrún ou do àyié, todas as porções de existência diferenciada, só podem existir e expressar-se por possuir, por estarem acompanhados pelo seu Èṣù, seu princípio de vida individual, seu elemento dinâmico; o rei do corpo:

Bara é junção das palavras Ọba+ Ara, que, unidas, significam "O Rei do Corpo"

Este é o primeiro que se cultua e que se serve; ele é o senhor, o decano de todos os elementos. Para retornar as palavras de Ifá, "se cada coisa e cada ser não tivesse seu próprio Èṣù em seu corpo, não poderiam existir, não saberiam que estão vivos".

Bara é o princípio dinâmico que mobiliza o desenvolvimento, o devir das existências individualizadas e da existência de todas as unidades do sistema.

Èṣù está profundamente associado ao segredo da transformação de matérias-massas em indivíduos diferenciados. Símbolo do elemento procriado, princípio dinâmico e da comunicação, encarregado de transportar e restituir o àṣẹ dos dois genitores míticos, assegurando a procriação, a existência individualizada, acompanhante de todas as unidades ou seres, possui diversas representações materiais nas quais, no princípio coletivo, são objeto de culto comunitário e público, estando o ojùbo (tipo de assentamento de Èṣù) instalado no Ilé Èṣù (casa de Èṣù) ou na entrada do terreiro, e em país yorubá, na entrada das aldeias e das cidades.

Os Èṣù que acompanham os Òrìṣà têm uma representação perto do assentamento desse ou no Ilé Èṣù e são cultuados prioritariamente durante os rituais públicos consagrados a cada Òrìṣà.

Ao contrário, o Èṣù individual, o Bara é adorado e cultuado em privado pela pessoa a quem acompanha, e o seu assentamento, que é o que o representa, deve estar localizado em lugar privativo dessa pessoa. O assentamento e seu conteúdo representam seu Bara-Òrùn, visto que seu Bara-Àiyé reside em seu próprio corpo.

Todo noviço, antes de ser iniciado, recebe dois tipos de assentamentos:

1º) O que representa seu Èlédá, isto é, o seu Òrìṣà, dono de sua cabeça;

2º) O que representa seu Èṣù pessoal, ou seja, o seu Bara.

Como se pode deduzir facilmente, ele receberá seu Bara quase que ao mesmo tempo, ou como na maioria dos casos, antes de receber o assentamento de seu Òrìṣà. Uma vez assentados seus elementos individuais do Òrún, se procederá à preparação do corpo do noviço para que, à maneira de um assentamento vivo através dele, possa ser invocado e se faça manifesto seu Òrìṣà pessoal.

Não se trata de duas operações distintas, mas de uma única operação, em dois níveis diferentes:

1º) O do Òrún, nos assentamentos símbolos dos elementos do Òrún.

2º) O do àyié, nas partes do corpo do noviço nas quais os dobles desses elementos se transferem.

O sacerdote, noviço já então iniciado, quando consulta seu Bara, separa os Kauri (búzios) em grupos de 4, 16 e 1. Pode consultar lançando os quatro ou os 16, sendo este último o método mais usado e o estudado e apresentado neste trabalho, que é chamado de *merindílogun*. O búzio restante, o 1, ou ainda se quiser, o 17º ou o

21º do conjunto, é o descendente, resultado da interação de todos os outros, que é o deslocamento ou representação simbólica do útero mítico fecundado.

Será este o vigia encarregado de mobilizar e intercomunicar todo o sistema do Bara pessoal. Será ele, consequentemente, que moverá os búzios para que formem configurações ou signos determinados que darão as respostas e os caminhos necessários para orientar e resolver as questões feitas pelo consulente.

Ès̱ù Bara é aquele que fala, guia e que indica os caminhos do indivíduo.

O Ès̱ù Bara individual põe em relevo os aspectos fundamentais de Ès̱ù símbolo coletivo, cujos significados ele veicula. É o princípio de vida individual; todo indivíduo, por trazer em si seu próprio Es̱ù, traz o elemento que lhe permitirá nascer, cumprir seu destino pessoal, reproduzir-se e cumprir seu ciclo vital.

Orì

Dando ênfase ao conceito apresentado sobre a importância e precedência do ORÌ em relação aos demais Òrìṣà, uma lenda do Odù Otúrá Méjì relata a história de um Orì que se perdeu em sua trajetória do mundo sobrenatural (òrún) para o mundo natural (àiyé). Essa lenda diz o seguinte:

"Ògún chamou Orì e perguntou-lhe: Você não sabe que entre os Òrìṣà você é o mais velho? E que você também é líder deles?".

Com certeza, podemos afirmar, sem medo de cometer erros, "Orì mi ba bo ki a to bo Òrìṣà"; que, traduzindo, quer dizer: "Meu Orì, que tem de ser cultuado antes que o Òrìṣà". Temos uma oriki (evocação) feita e dedicada a Orì que nos diz que não há um Òrìṣà que apoie mais o homem que seu próprio Orì. Ela é assim:

"Kosi Òrìṣà ti da nigbe leyin Orì eni".

O Orì tem grande influência na vida das pessoas, pois sempre encontramos aquelas que têm muitas dificuldades, muito sofrimento, problemas de saúde, de dinheiro, de inveja, maldade; seja o problema qual for, sempre buscam dentro de cada um alguma força sobrenatural, algo que as impulsione e não as deixe abandonar o barco, por mais cansadas que estejam e mesmo sem força de vontade. Muitas pessoas conseguem sobreviver e manter bons resultados na vida, e com isso podemos afirmar que: "Eniyan ko fe ki eru fi aso, Orì eni ni so ni". Traduzindo, "as pessoas não querem que você sobreviva, mas seu Orì trabalha para você". Com essa afirmação, podemos concluir que um Orì forte e tratado é o suficiente para cuidar da vida de um homem e defendê-lo das adversidades da vida e da sua sobrevivência social; por mais dificuldades que encontre, terá sempre uma saída.

Temos de ressaltar que cada indivíduo tem seu Orì que o faz diferente dos demais seres que vivem na Terra, isto é, cada um de nós tem seu Orì individual; é como se fizéssemos uma comparação grotesca com nossas impressões digitais. Só que essa diferença não está na aparência física, e sim dentro de nós, no nosso interior, sendo que ninguém pode nos distinguir nem fazer comparações dessas nossas diferenças, por não poder vê-las.

Analisando o parágrafo anterior, uma das observações mais importantes que podemos aprender sobre Orì pode ser retirada de um Itan do Odù Òsá Méjì, que contaremos a seguir, o qual foi dado à esposa de Ògún quando foi consultar Ifá:

Orì buruku ki i wu tuulu.
A ki i da ese asiweree mo loju ona.
A ki i m'Orì oloye lawujo.
A dia fun Mobowu
Ti i se obinrin Ògún
Orì ti o joba lola,
Enikan o mo
Ki toko-taya o mo pe'raa won ni were mo.
Orì ti o joba lola,
Enikan o mo.

Tradução:
"Uma pessoa de mau Orì não nasce com cabeça diferente das outras.
Ninguém consegue distinguir os passos de um louco na rua.
Uma pessoa que é líder não é diferente
E também é difícil de ser reconhecida
É o que foi dito à esposa de Ògún, que foi consultar Ifá.
Tanto o esposo como a esposa não deveriam se maltratar tanto,
Nem física nem espiritualmente.
O motivo é que o Orì vai ser coroado
E ninguém sabe como será o futuro da pessoa".

Como dissemos anteriormente, o Orì tem um significado muito grande, pois é ele quem nos guia, ajuda, auxilia, servindo como amigo e conselheiro, desde o momento da concepção, nos acompanhando durante toda a vida, até a morte. Orì é o nosso Òrìṣà pessoal, devendo assim ser o primeiro Òrìṣà a ser cultuado e louvado antes de todos os outros, pois, como dizem nossos antepassados, "ele é a essência real do ser".

A palavra yorubá "Orì" tem diversos significados, mas o mais utilizado é "cabeça física", símbolo da cabeça interior (Orì inú). Para o culto de Òrìṣà ou para a espiritualidade, Orì representa a cabeça como cume, ou como se fosse o ponto mais alto do corpo humano (ARA).

O Orì, ou o nosso Òrìṣà individual, está sempre conosco e nos assiste a todo momento. Ele está sempre com a atenção voltada para tornar real tudo o que for bom para o homem, trazendo a felicidade. Por estar ligado a nós, mais que nossos próprios Òrìṣà, ele conhece demais as necessidades de qualquer homem em sua trajetória no mundo natural, nos acertos e nos erros de cada um, tendo a condição de mostrar e indicar o caminho certo a ser percorrido. Para tornarmos mais sólido este estudo, temos um oriki (invocação) que nos diz:

Orì ló nda ẹni
Esi ondaye Òrìṣà lo npa ẹni da
O npa Òrìṣà da
Òrìṣà ló pa nida
Bi isu wọn sun
Aye ma pa temi ṣe Òrì
Ki Orì mi ma gba abodi.

Tradução:

"Orì é o criador de todas as coisas
Orì é que faz tudo acontecer, antes de a vida começar
É Òrìṣà que pode mudar o homem
Ninguém consegue mudar Òrìṣà
Òrìṣà que muda a vida do homem como inhame assado
Àiyé', não mude meu destino
Para que Orì não deixe que as pessoas me desrespeitem
Que meu Orì não me deixe ser desrespeitado por ninguém
Meu Orì não aceite o mal".

Como vimos anteriormente, Orì faz parte do homem como um todo, tem influência direta em nossas vidas; não existe um Òrì<u>s</u>à que tenha tanta participação como seu próprio Orì. Vamos mostrar agora um trecho de uma *adura* (reza) que é recitada durante o assentamento de um Igbá Orì:

"Korìkorì,
Que com o àse do próprio Orì,
O Orì vai sobreviver
Korokoro
Da mesma forma que o Orì de Afuwape sobreviveu,
O seu sobreviverá.
Ele será favorável a você.
Tudo que você quer para a sua vida,
É ao seu Orì que você deverá pedir.
É o Orì do homem que ouve o seu sofrimento...".

Nós usamos como fonte de pesquisa alguns trechos do livro *Os Nagô e a Morte*, que mostra de maneira bem simplificada que, aqui no Brasil, <u>E</u>l<u>e</u>da é frequentemente chamado de Òrì<u>s</u>à Orì, "<u>E</u>l<u>e</u>da se refere à entidade sobrenatural, à matéria-massa que desprendeu uma porção desta para criar um Orì, consequentemente, Criador de cabeças individuais...".

Encontramos no mesmo livro outro texto, que diz: "A espécie de material com o qual são modelados os Orì individuais indicará que tipo de trabalho é mais conveniente, proporcionando satisfação e permitindo a cada um alcançar prosperidade. Indica também as interdições – <u>*ÉÈÓÒ*</u> – aquilo que não lhe é permitido comer, por causa do elemento com o qual o seu Orì foi modelado". Isso quer dizer que os <u>ÉÈÓÒ</u> são proibições que a pessoa tem de respeitar, não comendo alimentos que contenham a mesma matéria da qual foi extraída uma pequena quantidade para modelar seu Orì.

Se não cumprirmos as advertências dessas proibições, estaremos colaborando para desgastes emocionais, desequilíbrios materiais, espirituais, que acarretarão danos nas condições de realização de cada ser.

Mostramos neste estudo que o Orì é muito importante na vida de um homem, e que todo homem deve louvar e cultuar seu Orì até mesmo antes de seu Òrìsà, mas não nos interrogamos a respeito do seu papel principal dentro de nossas vidas, se é que assim podemos dizer. Seu papel principal está relacionado com o destino individual de cada um de nós; ele é a construção do destino do homem, por isso devemos dar mais valor ao nosso Orì.

Vamos mostrar agora um ltan que explica bem qual é o vínculo entre Orì, homem e a relação de causa e efeito que existe entre eles.

"... Orì, eu te saúdo!
Aquele que é sábio,
Foi feito sábio pelo próprio Orì
Aquele que é tolo,
Foi feito mais tolo que um pedaço de inhame,
Pelo próprio Orì."

Há mais alguns oriki que relatam a suma importância do Orì na vida das pessoas. Dizem assim:

"... Quando acordo pela manhã coloco minha mão sobre meu Orì. Orì é a fonte de sorte. Orì é Orì."

Temos outro oriki que é dedicado a Orì, mostrando e deixando bem claro para nós o estreito relacionamento de Orì com o homem e o amor com que ele é louvado:

Orì mi,
Mo ke pe o o
Orì mi
Wa je mi o
Ki ndi olowo o
Ki ndi olola
Ki ndi eni a pe sin
Laye
O, Orì mi
Lori a jiki
Orì mi lori a ji Yo mo
Laye.

Tradução:
"Meu Orì,
Eu grito e chamo por você
Meu Orì,
Me responda
Meu Orì,
Venha me atender
Para que eu seja uma pessoa rica e próspera
Para que eu seja uma pessoa que todos respeitem
Oh, meu Orì
A ser louvado pela manhã
Que todos encontrem alegria comigo".

Existem muitas teorias a respeito de Orì, mas nenhuma define melhor a ligação entre ele e o homem como os Itan, que mostram toda sua força e grandeza, sempre confirmando que Orì tem de ser o primeiro Òrìs̱à a ser adorado e cultuado, pois ele nos acompanha desde o nosso nascimento, crescimento, vida adulta e morte, isto é, está diretamente ligado ao cumprimento do nosso destino. Veremos, a seguir, mais um Itan que fala sobre Orì. Esta não é uma simples lenda; ela é, sim, diferente das demais, pois nos comprova o porquê de o Orì de uma pessoa ser mais importante até mesmo que o seu E̱le̱da.

Ò̱rúnmìlà disse que na porta de um quarto deveria haver um "diafragma" na entrada.
Ifá, a questão é: "quem entre as divindades pode acompanhar seu devoto em uma longa viagem entre os mares sem retornar?".
S̱àngó respondeu que ele poderia acompanhar o seu devoto em uma longa viagem sobre os mares sem retornar.
Ifá respondeu: "O que você fará se, depois de uma longa caminhada,
Andando, andando,
Você retornar para Koso,
A casa de seus pais,
E eles lhe prepararem uma sopa de gbegiri,
E eles lhe prepararem um pudim de farinha de inhame,
E eles lhe derem um orogbo e um galo?".

Sàngó disse: "Depois de comer até estar satisfeito, eu retornarei para minha casa".
Sàngó disse que ele não poderia acompanhar seu devoto em uma longa viagem sobre os mares sem retornar.
Òrúnmìlà disse que na porta de um quarto deveria haver um "diafragma" na entrada.

Ifá, a questão é: "quem entre as divindades pode acompanhar seu devoto em uma longa viagem sobre os mares sem retornar?
Òya respondeu que ela poderia acompanhar o seu devoto em uma longa viagem sobre os mares sem retornar.
Ifá perguntou: "o que você fará, depois de uma longa caminhada,
Andando, andando,
E você retornar a Ira,
A casa de seus pais,
E eles matarem um gordo animal
E lhe derem um pote de pudim de milho?".
Òya disse: "Depois de comer até estar satisfeita
Eu retomarei para minha casa".
Òya falou que ela não poderia acompanhar seu devoto em uma longa viagem pelos mares sem retornar.
Òrúnmìlà disse que na porta de um quarto deveria haver um "diafragma" na entrada.

Ifá, a questão é: "quem entre as divindades pode acompanhar seu devoto em uma longa viagem entre os mares sem retornar?".
Òsàlá disse que poderia acompanhar seu devoto em uma longa viagem pelos mares sem retornar.
Ifá perguntou: "o que você fará, depois de andar uma longa distância,
Andando, andando,
E você voltar a Ifon,
A casa de seus pais,
E eles matarem uma galinha choca com seus ovos
E lhe oferecerem duzentos igbin
Temperados com vegetais e melão?".
Òsàlá disse: "Depois de comer até estar satisfeito,

Eu retornarei para minha casa".
Òs̱àlá disse que não poderia acompanhar seu devoto em uma longa viagem pelos mares sem retornar.
Ò̱rúnmìlà disse que na porta de um quarto deveria haver um "diafragma" na entrada.

Ifá, a questão é: "quem entre as divindades pode acompanhar seu devoto em uma longa viagem entre os mares sem retornar?".
Elegbara disse que poderia acompanhar seu devoto em uma longa viagem pelos mares sem retornar.
Ifá perguntou: "o que você fará, depois de andar uma longa distância,
Andando, andando,
E você retornar para Ketu,
A casa de seus pais,
E eles lhe derem um galo
E uma grande quantidade de azeite de dendê?
Elegbara disse: "Depois de comer, até estar satisfeita,
Eu retornarei para minha casa".
Elegbara disse que não poderia acompanhar seu devoto em uma longa viagem pelos mares sem retornar.
Ò̱rúnmìlà disse que na porta de um quarto deveria haver um "diafragma" na entrada.

Ifá, a questão é: "quem entre as divindades pode acompanhar seu devoto em uma longa viagem entre os mares sem retornar?".
Ògún disse que poderia acompanhar seu devoto em uma longa viagem pelos mares sem retornar.
Ifá perguntou: "o que você fará, depois de andar uma longa distância,
Andando, andando,
E você retornar para Ire,
A casa de seus pais,
E eles lhe derem feijão frito
E eles matarem um cachorro para você
Junto com uma galinha
E eles lhe derem cerveja de milho e vinho de palma?".
Ògún disse: "Depois de comer, até estar satisfeito,
Eu louvarei a Ijala alto e alegremente por toda a casa".

Ògún disse que não poderia acompanhar seu devoto em uma longa viagem pelos mares sem retornar.
Òrúnmìlà disse que na porta de um quarto deveria haver um "diafragma" na entrada.

Ifá, a questão é: "quem entre as divindades pode acompanhar seu devoto em uma longa viagem entre os mares sem retornar?".
Osun disse que poderia acompanhar seu devoto em uma longa viagem pelos mares sem retornar.
Ifá perguntou: "o que você fará, depois de andar uma longa distância,
Andando, andando,
E você retornar para Ijimu,
A casa de seus pais,
E eles lhe derem uma grande quantidade de pudim de amido de milho
Junto com vegetal yanrin e cerveja de milho?".
Osun disse: "Depois de comer, até estar satisfeita,
Eu retornarei para minha casa".
Osun disse que não poderia acompanhar seu devoto em uma longa viagem pelos mares sem retornar.
Òrúnmìlà disse que na porta de um quarto deveria haver um "diafragma" na entrada.

Ifá, a questão é: "quem entre as divindades pode acompanhar seu devoto em uma longa viagem entre os mares sem retornar?".
Òrúnmìlà disse que poderia acompanhar seu devoto em uma longa viagem pelos mares sem retornar.
Ifá perguntou: "o que você fará, depois de andar uma longa distância,
Andando, andando,
E você retornar para Igeti,
A casa de seus pais,
E eles lhe derem dois rápidos ratos,
Dois peixes que nadam graciosamente,
Duas galinhas com dois grandes fígados,
Duas cabras com fetos,
Duas novilhas,
E eles lhe derem pimenta de crocodilo,
E eles lhe derem um bom obi?".

Ọ̀rúnmìlà disse: "Depois de comer, até estar satisfeito,
Eu retornarei para minha casa".
Ọ̀rúnmìlà disse que não poderia acompanhar seu devoto em uma longa viagem pelos mares sem retornar.
O Bàbáláwo, sacerdote de Ifá, emudeceu.
Ele não podia dizer uma palavra,
Porque ele não entendeu a parábola.
"Ọ̀rúnmìlà, eu confesso a minha impotência
Por favor, vista-me com sabedoria".
Mapo na cidade de Elere,
Mokun na cidade de Otan,
Mesin na cidade de Ilawe,
Mapo na cidade de Ejelu,
Gbolajoko, resultado das presas que faz a tromba do elefante.
Ọ̀rúnmìlà, você é o líder,
Eu sou seu seguidor.
Você é o sábio que ensina as coisas com uma relação.

Ifá, a questão é: "quem entre as divindades pode acompanhar o seu seguidor em uma longa viagem sobre os mares sem retornar?".
Ifá disse: "É Orì".
"Só Orì é quem pode acompanhar seu próprio devoto em uma longa viagem sobre os mares sem retornar".
Ọ̀rúnmìlà disse: "Quando um sacerdote de Ifá morre,
O povo diz que os objetos da adivinhação de Ifá devem ser atirados em um fosso.
Quando um devoto de Ṣàngó morre,
O povo diz que as ferramentas de Ṣàngó devem ser arremessadas longe.
Quando um devoto de Ọ̀ṣàlá morre,
O povo diz que suas ferramentas devem ser enterradas junto".
Ọ̀rúnmìlà disse: "Desde que a humanidade morre,
A cabeça (Orì) é separada do corpo antes do enterro?".
Ifá disse: "É Orí".

"Só Orì
é quem pode acompanhar seu próprio devoto em uma longa viagem
sobre os mares sem retornar".
"Se eu tenho dinheiro,
É para Orì que eu louvarei.
Meu Orì é você.
Se eu tenho crianças na Terra
É para Orì que eu louvarei.
Meu Orì é você.
Todas as coisas boas que eu tenho na Terra
É para Orì que eu louvarei.
Meu Orì é você.
Você que não esquece seu devoto,
Que abençoa o seu devoto mais rápido que os outros Orísà.
Nenhum Orisà abençoa um homem
Sem o consentimento de seu Orí.
Orì, eu saúdo você.
Você que permite que as crianças sobrevivam,
Uma pessoa cujo sacrifício é aceito pelo seu Orì
Deve rejubilar-se extraordinariamente".

Como podemos observar nessas lendas, o Orì é inseparável; ele exerce um papel fundamental na vida do homem. Por meio desse pequeno estudo sobre Orì dá para entender que a função que ele cumpre na vida das pessoas está relacionada ao seu culto e à sua crença, isto é, para ter a bênção de Orì, é preciso cultuá-lo e acreditar em nosso próprio destino, aceitando fracassos e sucessos, pois tudo depende do destino pessoal que cada um traz na sua trajetória do mundo sobrenatural para o mundo natural. Esse destino pessoal (que é designado pelos yorubás como Kadara ou Ipín), o homem adquire quando decide qual será o Orì que o acompanhará em sua vinda ao mundo natural; é uma opção feita por nós antes de virmos para cá.

Pelo fato de Orì estar relacionado a tudo, falaremos agora de sua importância para os sacerdotes e seguidores de Ifá. Nele, cremos que escolhemos nosso próprio destino. Nós o fazemos diante dos presságios do Òrìsà Ijala Mopin. Ijala é o Òrìsà responsável pela modelação da cabeça humana, e acredita-se que o Orì e o Odù – signo regente do destino que escolhemos – determina nossa fortuna ou atribulações na vida, como já vimos anteriormente. O meio de atuação de Ijala é ao lado de Òlódúnmarè; por meio dele é que são feitas as aprovações com relação ao nosso destino. Um verso de Ifá explica isto:

"Você disse que foi apanhar o seu Orì
Você sabia onde Afuwape apanhou seu Orì?
Você poderia ter ido lá apanhar o seu.
Nós pegamos nossos Orì nos domínios de Ijala,
Assim somente nossos destinos se diferem".

O Òri<u>s</u>à Ijala não era muito responsável, apesar de ser muito habilidoso, e essa falta de responsabilidade às vezes fazia com que Ijala modelasse cabeças defeituosas, esquecendo-se de fazer alguns acabamentos sem muita importância ou até mesmo levando-as ao forno para queimar deixando-as por longo período ou por pouco tempo. Isso ocasionava cabeças com problemas, fracas, incapazes de compreender a longa trajetória no mundo natural.

Quando o ser humano vai até Ijala para escolher sua cabeça, ele corre o risco de escolher uma cabeça que tenha sido mal modelada ou esquecida no forno. Isso pode lhe trazer sérias complicações durante sua trajetória no mundo natural, pois a cabeça que permaneceu durante muito ou pouco tempo no forno poderá não resistir à ação do tempo (chuvas) e chegará ao seu fim muito danificada. Toda a luta para alcançar um bom posicionamento na vida será em vão, pois o homem terá que se esforçar para consertar o erro de ter escolhido uma cabeça defeituosa, não tendo tempo para seu sucesso. Quando um homem escolhe um mal Orì, todos os seus esforços, esperanças de progresso serão em vão, pois não há esperanças para ele.

Agora, se um homem fizer a escolha acertada de uma boa cabeça, com certeza terá prosperidade e será um afortunado, sempre atraindo fama, fortuna e sucesso, e sua cabeça chegará ao fim intacta e inabalada. Tudo aquilo que esse homem desejar, ele construirá, pois não precisará perder tempo tentando consertar sua cabeça. O homem que não teve sorte em sua escolha deverá trabalhar muito para se tornar um afortunado, se o desejo dele for ter bons resultados. É bom deixar claro que todos nós devemos trabalhar muito para alcançar nossos desejos, seja ele o sucesso ou a tentativa de amenizar o problema de um Orì defeituoso; só que, quem teve a sorte de ter um Orì perfeito, também terá a sorte de ser bem-sucedido, ao contrário do outro, que trabalhará arduamente para lutar contra seu problema, não restando tempo para o sucesso.

Uma pessoa pode saber como é o seu Orì, quem é o seu Òrìsà, ou Irúnmole, o que pode ou o que não pode (Èèóò – proibições a respeito do que se deve comer, que cores são mais indicadas para serem usadas e até mesmo como deve se comportar moralmente), através do jogo divinatório de Ifá, que oferece condições para que as pessoas saibam um pouco mais sobre si mesmas.

Como na vida todos corremos riscos, é possível que um Orì que foi bem escolhido possa vir, mais tarde, a ter mudanças. No mundo natural existem pessoas que têm o poder de mudar um bom Orì; feiticeiros, bruxas e até a nossa má conduta podem ocasionar uma mudança drástica, tornando negativo um Orì bom, ficando esse Orì à beira das desilusões e infelicidades da vida. Quando dizemos a má conduta, estamos nos referindo a pessoas que vêm para o mundo natural com um bom Orì, com um destino maravilhoso e, ao chegar aqui, vivem uma vida imoral, sem caráter. Essas pessoas estão correndo seriamente o risco de não cumprirem o destino que lhes foi designado, trazendo para si muitos problemas durante a vida. Um bom destino deve ser sustentado por um bom caráter.

Por esses motivos é sempre bom frisar que o Orì é uma entidade independente, considerado uma divindade por si só; é cultuado entre outras divindades, recebendo oferendas e orações. Quando o Orì Inú (cabeça interior) está bem, todo o ser do homem está em boas condições.

Este é como uma divindade: se bem cultuado, concede sua proteção. Assim, o destino humano pode ser arruinado pela ação do homem.

"Iwa re laye yii ni yoo da o lejo."

"Seu caráter, na terra, proferirá sentença contra você."

No Odù Ogbèògúndá, Ifá diz:

"Um pilão realiza três funções:
Ele tritura o inhame,
Ele tritura índigo,
Ele é usado como uma tranca atrás da porta,
Foi feito um jogo divinatório para Oriseku, Orì-Elemere e Afuwape.
Quando eles foram escolher seus destinos nos domínios de Ijala-Mopin
Foi solicitado para eles que realizassem rituais;
Somente Afuwape realizou os rituais que foram solicitados.
Ele, em consequência, tornou-se muito afortunado.
Os outros lamentaram, disseram que se soubessem
Onde Afuwape escolheria seu Orì, eles
Teriam ido até lá para escolher os seus também.
Afuwape respondeu que, embora seus
Orì fossem escolhidos no mesmo lugar,
Seus destinos é que diferiam".

Essa lenda mostra claramente que somente Afuwape teve caráter e boas intenções. Somente ele respeitou sua crença e realizou seus sacrifícios, trazendo consigo muitas bênçãos para o seu destino e suas realizações, ao contrário dos outros, que mostraram má vontade e falta de caráter recusando-se a realizar os sacrifícios, sofrendo assim as consequências.

Outro Òrìsà que está ligado diretamente ao nosso destino é Ípín, que é ligado a Òrúnmìlà, sendo mais conhecido como Elérí-Ipín – O Senhor do Destino – que esteve presente no ato da criação e conhece todos os Orì, estando sempre atento ao homem no cumprimento de seu destino e de seus objetivos aqui no mundo natural.

Òrúnmìlà tem um papel muito importante em conhecer todos os destinos dos seres humanos e sempre está atento e disposto a ajudá-los na sua trajetória pelos caminhos da verdade. Temos, assim, que uma das principais tarefas de Ifá em relação ao homem, além de ser intérprete da relação entre os Òrìsà e o homem, é a de ser o intermediário entre cada um e o seu Orì, entre cada homem e os desejos de seu Orì.

Como observação, é importante lembrar que o mesmo papel que Ọ̀rúnmìlà cumpre conosco, ele o desempenha com relação aos outros Òrìṣà, sendo intermediário entre eles e seus Orì.

A respeito de Orì, resta ainda lembrar que se trata de uma divindade pessoal, a mais interessada de todas no bem-estar de seu devoto. Se o Orì de um homem não simpatiza com a sua causa, aquilo que ele deseja não pode ser concedido nem por Òlódúnmarè nem pelos Òrìṣà.

Nos momentos de crise, a consulta ao jogo divinatório de Ifá nos dá condições de ter acesso às instruções a respeito de como proceder desejavelmente, sendo que é desejável haver bons procedimentos daqueles que vão ao encontro dos intentos de Orì.

Para os ancestrais yorubanos, é de vital importância que nós, homens, procuremos com certa frequência um Bàbáláwo para que este consulte o sistema divinatório de Ifá, para colocar-nos a par do que é bom ou ruim para o nosso próprio Orì Ọ̀rúnmìlà; ele é intermediário entre nós e nosso Orì. Ifá, além de trazer recados dos Òrìṣà, também leva as oferendas que são feitas aos Òrìṣà, fazendo com que estas desempenhem suas funções, que são ajudar os Orì a mostrar os caminhos corretos e levar as pessoas a realizações pessoais.

O homem que cumpre completamente seu Ipín-Orì (destino do Orì) amadurece para a morte e, recebendo os ritos fúnebres adequados, alcança a condição de ancestral ao passar do mundo natural para o sobrenatural.

Temos de estar sempre observando se a nossa vida está fluindo bem ou mal. Se estiver indo bem, temos de estar sempre alertas para que nada a tire desse caminho. Agora, se estiver indo mal, teremos de analisar o que a está fazendo mudar de trajetória, e antes de colocar a culpa nos outros, como é nosso costume, devemos fazer um autoexame e verificar nossa conduta. Se você tiver o costume de maltratar as pessoas ou não considerar seus sentimentos, não procure qualquer felicidade ou sorte na vida, não importando o quanto você possa ser rico e bem-sucedido. Se, por outro lado, você ajuda os outros e lhes dá felicidade, sua vida será cheia, não só de riquezas, mas também de alegria e de felicidade.

A seguir, mostraremos uma reza muito simples e fácil, de como podemos pedir ajuda a nosso próprio Orì:

"Por toda parte onde Orì for próspero, deixe-me estar incluído,
Por toda parte onde Orì for fértil, deixe-me estar incluído,
Por toda a parte onde Orì tiver as coisas boas da vida, deixe-me estar incluído,
Orì, coloque-me em boa situação na vida,
Que meus pés me conduzam para onde as coisas boas me sejam favoráveis,
Para onde Ifá está me levando eu nunca sei.
Jogaram para Sasore no início da vida.
Se há qualquer condição melhor do que aquela que estou no presente,
Que meu Orì possa não falhar e colocar-me nela.
Meu Orì, me ajude!
Meu Orì, faça-me próspero!
Orì é o protetor dos homens antes das divindades.
Orì mi o!
Se rere fun mil
Meu Orì!
Seja alegre comigo!".

O Bàbáláwo

O Bàbáláwo (pai que detém o segredo) é o sacerdote de maior importância dentro do sistema religioso e de crença yorubá; todos os procedimentos e métodos ritualísticos e iniciáticos do sistema em questão dependem de sua orientação, não podendo nada ser feito sem a instrução dele.

Essa figura, que aqui no Brasil entendemos como apenas religiosa, na África era e é, ainda hoje, tratada e adorada pelos povos da mesma forma que o papa católico, pois orientava toda e qualquer pessoa sobre todo e qualquer assunto. Uma vez que começaremos a descrever a hierarquia imposta pelo sistema oracular de Ifá perante os seus adoradores e seguidores, não podemos deixar de, inicialmente, falar que essa hierarquia rígida e organizada só pode ser exercida na África; para nós, aqui no Brasil, cultuadores e adoradores de Ifá, vale conhecê-la, respeitá-la e procurar, da melhor maneira, adequá-la dentro das condições impostas por nossa sociedade.

Ser um Bàbáláwo na África não é fácil, pois sua carreira, se assim podemos dizer, começa desde muito cedo; a criança que fosse aprender os segredos de Ifá deveria obrigatoriamente ter nascido em Ilé Ìfé, e só chegaria aos cargos de maior poder caso pertencesse à família real.

Essa criança, ao se aproximar dos 7 anos de idade, passaria a viver em uma comunidade secreta, restrita e fechada, pertencente aos cultuadores de Ifá daquele reinado; a criança, então, passaria a estar sob a responsabilidade de um dos membros dessa comunidade, chamado de Ojúgb<u>o</u>nà (mestre de ensinamentos dos caminhos de

Ifá), e passava a ser chamado de omo áwo (filho do segredo), tendo a obrigação de obedecer e servir ao seu mestre como se ele fosse seu próprio pai. Tempos depois, porém ainda em pleno aprendizado, quando já acompanhava seu mestre em saídas públicas, essa criança passaria a ser conhecida como Akopo, que é aquele que carrega a bolsa que contém Abira (objetos sagrados de Ifá), bolsa essa que seu mestre utilizava para efetuar a divinação sagrada.

Daí, então, a criança era submetida a uma disciplina intensa, e até certo ponto árdua, pelo fato de ter de memorizar os 16 principais versos de Ifá por completo, que são os que utilizamos no oráculo dos búzios.

Após isso, a criança passaria a aprender e memorizar os demais versos de Ifá correspondentes aos omo Odù (256 Odù, que são combinações dos 16 básicos entre si). Feito isso, ela começava a aprender a prática de ebo, adimú e a utilização das folhas como medicina sagrada dos Òrìṣà.

Conseguindo chegar a este ponto, o Akopo receberia de seu mestre o então esperado e cobiçado prêmio: a sua Owò Áwo (mão do segredo), a tal chamada Mão de Ifá que, aqui no Brasil, se diz "mão de búzios", recebida após alguns atos religiosos de iniciação do futuro sacerdote.

O cargo de Owó Áwo era a coroação de anos de esforços e estudos intensos, sendo sancionada em ritual próprio que promovia a união do mundo natural e do sobrenatural, juntamente à intuição psíquica introduzida pelo transe mediúnico leve, que passava a abrir canais diretos de percepção do Bàbáláwo para a presença do àsẹ de Òrúnmìlà, Èṣù Bara, Orí e seu Olori, já que o sacerdote jamais entraria em transe possessivo, sendo isso, na verdade, a grande diferença entre o verdadeiro Bàbáláwo e o Bàbálòrìṣà.

Assim sendo, todo Bàbáláwo se esforçava para alcançar, sucessivamente, as três categorias imediatamente superiores de sua carreira e, se as alcançasse e estivesse habilitado também por seu nascimento em uma das 16 famílias nobres de Ilé Ifè, ele habilitava-se, ainda, a disputar uma das 16 supradivisões hierárquicas e vitalícias dos Awoni (advinhos de Ifá).

O primeiro degrau a ser superado era o de ser Bàbá Elegán: o pai que tem e carrega elegán (egán é uma pena de um pássaro sagrado). O Bàbá Elegán era obrigado a manter sempre sua cabeça totalmente raspada e a descobri-la, caso portasse alguma cobertura, na presença de Bàbáláwo de categorias superiores.

O segundo degrau só seria alcançado após alguns anos de prática, que era a obtenção do cargo de Bàbá Olòsù: o pai que tem tufos de cabelos, cargo em que era permitido deixar crescer um tufo de cabelo do lado direito posterior da cabeça.

O terceiro degrau, na ascensão religiosa de um Bàbáláwo, era o cargo de Bàbá Olodu: o pai que tem Odù. Para chegar a essa condição o sacerdote deveria, além de tudo que já mencionamos, ter assentado Odù e ser detentor de um extraordinário O<u>s</u>o (poder mágico). A partir desse ponto poderia passar a ser reconhecido como Ifá-To<u>s</u>o: aquele que tem os poderes mágicos de Ifá.

A seguir, ou paralelamente à terceira graduação mencionada, havia outro posto, que era mais um reconhecimento de mérito específico, mas que era necessário para se alcançar algumas funções públicas e políticas, que é o título de Olúwo: o senhor dos Segredos de Ìfá.

Assim, chegamos ao patamar maior do sacerdócio de <u>Ò</u>rúnmìlà e do credo yorubá, que é o quarto degrau de ascensão da carreira religiosa de um Bàbáláwo à categoria de Àwoni, que são sacerdotes ou adivinhos reais.

Para ser um Àwoni, um Bàbáláwo precisava obedecer a algumas regras básicas:

- Precisava ser um Bàbáláwo praticante;
- Precisava ter *status* de Olodù;
- Precisava obter a reputação de Olúwo;
- Precisava ter sido um Ojúgb<u>ò</u>nà;
- Precisava ter nascido em Ilé Ìf<u>é</u> e em uma das 16 famílias reais.

A hierarquia do sacerdócio do culto à <u>Ò</u>rúnmìlà apresenta ainda outros cargos, que são:

- Iwarefá: funcionário encarregado de cuidar dos assuntos de <u>Ò</u>rúnmìlà dentro palácio real;

- O̲rúnmìlà dentro do palácio real;
- Otú: funcionário encarregado de executar os sacrifícios do Rei;
- Oloyare: sacerdotes de pequena ordem da cidade de Ilé Ìfé̲;
- Émése: atendentes encarregados dos mais de 50 Orígi (montículos sagrados de Ifá que estariam em Ilé Ìfé̲).

O Bàbáláwo era, pois, o ponto central em volta do qual gravitava a ritualística yorubá, isso porque as funções de um Bàbáláwo não se restringiam à divinação sagrada nem ao culto organizado de O̲rúnmìlà, pois ele tinha de ter conhecimentos específicos sobre os cultos de todos os Òrìs̲à e, nessa faixa, atuava tanto no atendimento aos devotos desses Òrìs̲à como no aconselhamento e assessoramento aos sacerdotes dos outros Òrìs̲à.

Quando, pouco antes, dissemos que, para ser um Àwoni é preciso ter a reputação de Olúwo, dissemos, na verdade, que um Àwoni deve obedecer às seguintes regras:

- Ser humilde o suficiente para reconhecer os próprios erros e pedir desculpas para o, até então, prejudicado;
- Ser humilde para buscar aprimorar-se junto de seus mais velhos e acumular conhecimentos do oráculo de Ifá;
- Sempre estar de prontidão a ajudar alguém necessitado;
- Não cobiçar newm se relacionar com a mulher do próximo;
- Efetuar o jogo de graça para quem não tiver condições de pagar;
- Dedicar-se a adorar O̲rúnmìlà durante toda a sua vida;
- Não praticar feitiço contra outra pessoa;
- Não provocar intrigas junto de seus mais velhos e mestres;
- Ajudar de qualquer maneira um outro sacerdote que esteja passando por qualquer tipo de dificuldade, não importando sua graduação;
- Não provocar intrigas com outros sacerdotes;
  Não falar mal de outro sacerdote, a não ser para ele mesmo e em reuniões secretas efetuadas dentro do palácio real;
- Não divulgar as discussões tidas entre os membros do palácio real.

Ao desenvolver o jogo de búzios para uma pessoa, o sacerdote deve ter a técnica, que só será alcançada após muita prática e dedicação, e a sensibilidade de percepção para utilizar as possíveis ajudas das entidades ali presentes através da audição, intuição, visão e/ou outros.

O sacerdote deve aprender e procurar sempre desenvolver seu próprio jogo para não ficar extremamente limitado, assim vindo a limitar-se quanto às respostas a serem obtidas e, consequentemente, quanto às soluções dos problemas. Os sacerdotes de Ifá nunca devem achar que já sabem tudo ou que sabem o suficiente para desenvolver seu trabalho, mas, sim, ter a gana e a vontade incansável de, cada vez mais, buscar novos conhecimentos dentro do culto de Ifá, mesmo porque nem todos os versos de Ifá estão registrados ou grafados em livros ou outros meios de obtenção de conhecimento. Vale lembrar que, na África, os ensinamentos de Ìfá eram recitados; assim sendo, muitos foram perdidos ao vento. Outro fato importante para a real integração e desenvolvimento do jogo entre o Ifá e o sacerdote é que este deve possuir, dentro de seu coração e mente, a humildade de saber dizer "eu não sei", para que assim possa buscar com mais facilidade aquilo que realmente não sabe. Não devemos nos deixar levar pela vaidade contida dentro de nós; nunca iremos saber tanto quanto os aprendizes existentes na África, e o fato de um sacerdote não ter conhecimento de um assunto específico, sendo forçado a procurar outro sacerdote que saiba sobre aquele determinado assunto, não significa que o anterior saiba menos ou mais que o outro, até mesmo porque, para Ifá, o que importa neste caso não é saber quem tem mais conhecimentos sobre seu culto, mas, sim, poder verificar a real integração entre seus filhos e adoradores.

Um exemplo prático do que dissemos anteriormente é que, ao jogar os búzios para uma determinada pessoa, dificilmente a solução para os problemas dela se encontrará somente na execução de um único ritual ou de um único e̱bo̱. Pode até se apresentar dessa maneira, mas, com certeza, ficará faltando algum complemento para levar uma melhora substancial à vida daquela pessoa.

Sempre utilize o bom-senso ao jogar para alguém; sempre esteja com o pensamento voltado para conseguir ajudar aquela pessoa, pois cada pessoa que procura um jogo de búzios ou qualquer outro tipo de oráculo é motivada por algum tipo de problema que a aflige e tira sua tranquilidade; a função do sacerdote é, por meio do oráculo, constatar o problema, interpretá-lo e apresentar as soluções dadas por Ifá para este.

Para que isso possa ocorrer com absoluta segurança, é indispensável que, no momento do jogo, o sacerdote esteja em completa concentração e o local seja propício ao jogo, pois as entidades invocadas estarão presentes assistindo e prestando auxílio ao sacerdote e ao consulente. Não se pode esquecer que essas entidades estarão presentes observando tudo o que se passa durante a consulta; estarão observando não só a sinceridade do sacerdote perante o consulente, mas também seus pensamentos e sentimentos para com este. Assim, devemos sempre manter imenso respeito pelos consulentes que nos procurarem para uma consulta; respeitando-os, estaremos respeitando Ifá.

É obvio dizer que, para determinada consulta ser finalizada com completo êxito, não basta apenas que o sacerdote exerça o que acabamos de dizer, mas que também suas obrigações perante seu Èṣù Bara assentado estejam em dia, como também suas obrigações e iniciações junto a Ifá.

O Oráculo dos Búzios

O oráculo dos búzios, ou mais conhecido no Brasil como jogo de búzios, nada mais é do que um sistema divinatório de Ifá correspondente à interpretação básica dos 16 principais Odù, onde estes se apresentam juntamente com divindades para solucionar, aconselhar, questionar, ajudar, etc., uma determinada pessoa.

Quando dizemos que o jogo de búzios é uma interpretação básica ao conhecimento iniciatório dos segredos dos 16 principais Odù de Ifá, estamos categoricamente afirmando que os conhecimentos e segredos do grande Òrìsà da sabedoria, Òrúnmìlà, correspondem a um conjunto de informações muito mais amplo do que podemos imaginar, ligado a tudo o que existe nos mundos natural e sobrenatural, que pode ser explicado não só pelos 16 principais Odù, mas pelos demais versos contidos nos 256 omo Odù, e que há uma relação dialética e complexa, conforme já explicado nos capítulos anteriores entre Èsù Bara, Òrúnmìlà, Orì, Olori, Orì do consulente, Odù e as diferentes energias positivas e negativas que levam a determinados acontecimentos no destino das pessoas.

Esse sistema divinatório chegou ao Brasil com os negros africanos que desembarcaram aqui para ser escravizados pelos colonos existentes. O sistema foi, aos poucos, fixando suas raízes em nosso território e em nosso povo e tornou-se, com o passar do tempo, o mais procurado e consultado no Brasil. Isso só foi possível acontecer em virtude da fácil aceitação pelo nosso povo do sistema de Ifá e sua compreensão. Esta fácil compreensão vem provar que o oráculo dos búzios é realmente um processo básico e iniciatório ao entendimento dos segredos de Ifá, que constitui um sistema muito mais amplo do que o mencionado neste trabalho, visto que este é totalmente dirigido a pessoas que, não importando a fé religiosa, poderão compreender melhor o que é jogar búzios, a importância e a seriedade que este sistema implica perante aqueles que nele acreditam, ou ainda podendo auxiliar aos já praticantes do sistema a ampliar seus conhecimentos.

Quando falamos sobre a não importância da fé religiosa, estamos simplesmente afirmando que Ifá é UNIVERSAL, e que é auxiliador de toda e qualquer energia existente, tendo ela vida humana ou não. Ainda podemos verificar o lado inteiramente expansivo e benevolente de Ifá quando ele permite que qualquer pessoa possa conhecer e entender seus ensinamentos, porém somente os iniciados em seu culto podem fazer a prática dos conhecimentos. Não imaginem que isso é inovação criada aqui no Brasil, porque não é, já que na própria Nigéria, se um Akopo não se interessar nem se dedicar aos ensinamentos de Ifá, ele nunca chegará a ser Akisa. Assim continuamente, se o mesmo não permanecer no mesmo empenho, nunca receberá sua "Mão de Ifá". Desta forma, se um Akopo não progredir dentro de seus ensinamentos, ele sempre será um simples carregador de bolsas e um pequeno auxiliador de seu mestre; e se o Akisa também não mantiver seu empenho, ele sempre será um elemento que servirá para levar à população os versos de Ifá, como simples entendedor e conhecedor, não podendo, ambos, nunca, invocar O̲rúnmìlà para responder às dúvidas das pessoas e deles mesmos, ou seja, não podendo colocar em prática todo o conhecimento até então obtido.

Estávamos anteriormente falando sobre a fácil aceitação do oráculo dos búzios aqui no Brasil, onde podemos comprovar que dificilmente iremos encontrar pessoas que nunca consultaram Ifá através dos búzios ou pensaram em fazer tal consulta. Ainda assim, logramos verificar que a discriminação religiosa, em alguns casos, chega a interferir na vontade de pessoas que desejam consultar Ifá e que acabam por não fazê-lo; em outros casos nos deparamos também com a preocupação de encontrar verdadeiros e sérios Olhadores de Búzios, pois hoje, facilmente, encontramos diversas pessoas que se utilizam do jogo de búzios para ludibriar outras pessoas. Sendo ainda providencial lembrar que muitas pessoas não têm sequer Èṣù Bara assentado ou sabem o que ele é ou representa.

O oráculo de Ifá é um sistema que auxilia as pessoas em seus diversos problemas, sejam banais ou de grande intensidade. Há muitas pessoas que acham que o jogo só traz recados positivos ou só recados negativos, mas quem pensa dessa maneira está completamente enganado, pois todos os Odù possuem seu lado positivo e negativo, chamados sucessivamente de Ire e Oṣogbo. Como já dissemos, o jogo de Ifá não é adivinhação, e sim interpretação dos conhecimentos aprendidos dos Odù de Ifá. E que somente podem ser jogados por seres humanos encarnados, é claro, não se tendo notícia ou doutrina que admita pessoas mediunizadas promovendo essa prática.

O jogo mostra ao consulente quais são os problemas que ele enfrenta ou enfrentará, sempre podendo usar, e usando, o passado, o presente e o futuro. O sistema oracular de Ifá, que não é só o sistema da leitura dos búzios, é considerado o jogo divinatório mais completo dentre todos os conhecidos até hoje por muitos estudiosos, pois além de acusar os problemas, ele também indica a solução a ser tomada para que a situação seja modificada a favor do bem do consulente.

Na África, existem determinadas regiões em que os segredos de Ifá estão quase que totalmente erradicados pelo fato de os ancestrais que ali residiram tratarem alguns dos segredos de Ifá como tabus, sendo proibido falar ou comentar sobre os segredos com não iniciados; assim, muitos dos segredos acabaram sendo levados para o túmulo deles sem obedecer a uma das regras que os Àwoni devem seguir, que é a de dar continuidade aos ensinamentos. Todos os iniciados em Ifá, com o passar do tempo e com a obtenção de cada vez mais conhecimento, devem, no mínimo, passar para uma pessoa seus ensinamentos e aprendizados sobre Ifá.

Esse fato que ocorre na África pode ser visto e localizado em regiões onde existiam pequenos povos ou nas localidades que sofreram as maiores influências da colonização. Graças à obediência a Ifá e seu sistema obedecido e preservado na cidade sagrada de Ilé Ifè, hoje nós, brasileiros, podemos expandir e aumentar nossos conhecimentos, não só sobre os búzios, mas também os Òrìṣà, visto que o conhecimento trazido pelos negros de diferentes localidades da África seria muito pouco para o desenvolvimento desse lindo e glorioso sistema religioso.

Dizem algumas lendas que, antes de se difundir os segredos de Ifá, somente os homens tinham acesso e domínio dos diferentes sistemas divinatórios de Ifá, e que as mulheres eram proibidas de aprender ou de, até mesmo, se aproximar dos objetos sagrados de Ifá. Uma lenda relata que parte desse tabu foi quebrada por intermédio de Os̲un, que conseguiu, por meio de Ès̲ù, o assistente direto de Ò̲rùnmìlà, apoderar-se do segredo dos 16 principais Odù. Conta a lenda que Ifá ordenou que Ès̲ù o serviria como escravo durante 16 anos. Então, Ifá mandou Ès̲ù procurar 16 cocos de dendê e ele foi; só que ao mesmo tempo em que achava os cocos de dendê, ele ia descobrindo o segredo destes, um por um. Sendo assim, Ès̲ù passou a auxiliar Ò̲rùnmìlà em seu sistema, e Ò̲rùnmìlà passou a precisar de um ajudante; então delegou Os̲un como sua primeira ajudante, ou sua primeira Apetebi. Dessa forma, o povo passou a procurá-la e Os̲un se queixou a Ifá, que lhe ensinou os segredos dos 16 principais Odù e lhe preparou 16 búzios, e, em paralelo, ordenou que Ès̲ù respondesse naqueles búzios. Este, revoltado, disse que só responderia se todos os sacrifícios determinados pelo oráculo dos búzios passassem também a ser dados a ele, até mesmo os que eram determinados a outro Òrìs̲à, dos quais passou a tirar a sua parte como forma de pagamento do trato feito.

Foi assim que as mulheres passaram a ter permissão para aprender e exercer o oráculo dos búzios, mas de todos os sistemas divinatórios de Ìfá, as mulheres só podem fazer parte do oráculo dos búzios.

A seguir, iremos relacionar alguns fatos que acabaram virando tradição para alguns sacerdotes de Ifá:

- Não se joga búzios às sextas-feiras, até ser concluído um ano de iniciação e vir a completar o jogo e assentamentos do sacerdote;
- Ès̲ù não faz o jogo de graça para ninguém, com exceção daqueles que não têm condições de efetuar o pagamento determinado por ele;

- O oráculo dos búzios é de respostas breves e diretas (na maioria dos casos);
- Não é recomendado definir-se o Olorì de uma pessoa apenas através do jogo de búzios, pois o jogo de búzios deve, sim, servir como ponte de auxílio;
- O oráculo dos búzios normalmente se torna mais eficaz para solucionar problemas comuns do cotidiano das pessoas;
- As pedras que chamamos de búzios pertencem ao Òrìsà Obaluàiyé. Daí a importância de sempre louvarmos este em nossas preces ao jogar os búzios.

Odù

O ser humano sempre questionou o motivo de sua estadia sobre a Terra e, principalmente, o mistério que envolve seu futuro. A insegurança e a curiosidade em relação ao futuro fizeram com que o homem tentasse, de diferentes maneiras, prever o que lhe estava reservado, vindo a se precaver de todos os tipos de malefícios, como por exemplo, a má sorte, dificuldades amorosas, sociais, financeiras e outros. Sendo assim, o homem assegurava para si a certeza da efetivação dos diferentes acontecimentos benéficos.

Podemos encontrar muitos sistemas oraculares existentes com a finalidade antes citada, não importando a origem nem a filosofia de estudo, aprendizado ou execução destes, pois todos se concentram em único significado, que é encontrar os melhores métodos para prevenir ou, ainda, remediar situações maléficas, trazendo assim um alívio imediato para a pessoa e/ou sua comunidade ou família.

Quase todos os oráculos, independentemente de sua origem cultural, absorvem uma tendência a algum tipo ou aspecto religioso, vindo sempre a sugerir ou indicar um determinado ritual ou prática religiosa, de caráter e aspectos muito mais, ou ainda quase completamente, místicos do que científicos.

No Brasil, em particular, o sistema mais conhecido, pelo fato de sua ampla divulgação e fácil acesso à interpretação dos conhecimentos e execução, é o jogo de búzios, que tem origens totalmente africanas, embora muito do seu conteúdo, feliz ou infelizmente, foi adaptado ou modificado em nosso país. Mais especificamente falando, essas origens não só são africanas como também originadas do culto à Ọ̀rúnmìlà, que nos permite exercer tal função por meio das interpretações dos Odù, que estão totalmente ligados aos seres humanos e aos òrìṣà. Ainda podemos dizer que os diferentes Odù juntamente de Èṣù e Ifá, são os meios pelos quais o homem pode vir a ajustar e melhorar a sua vida terrena e espiritual.

Nossa cultura recepcionou de forma notável os costumes de origem africana, que foram trazidos até nós por intermédio dos escravos que para cá vieram. De modo geral, podemos dizer que a música, a culinária, a maneira de agir e pensar do brasileiro demonstram de forma inequívoca a influência africana aqui exercida, que não poderia deixar de ser verificada também na postura estabelecida por nós diante das religiões quando, independentemente de opção ou credo, adotamos sempre uma atitude pautada em profundo misticismo. Na verdade, essa tendência de adotar culturas místicas também é característica do brasileiro, o que sem dúvida contribuiu bastante para assimilar com tamanha facilidade os costumes e religiosidade dos africanos.

Para brasileiros e africanos, não cai uma folha de uma árvore sem que para isso não haja uma determinação espiritual ou um motivo de fundo religioso, e seja qual for a religião cultuada pela pessoa, a prática da magia é sempre adotada em busca de soluções, mesmo que esta prática "mágica" seja mascarada por outro nome em diferentes tipos de crenças.

As forças superiores, para nós, são sempre solicitadas para a solução de problemas do cotidiano.

Desta forma, constitui-se esse trabalho em destacar uma proposta totalmente didática e básica ao conhecimento e estudo do oráculo africano ligado ao oráculo dos búzios, que é feito por meio da interpretação dos segredos contidos nos diferentes Odù.

Qualquer pessoa pode aprender e conhecer o oráculo dos búzios africano, que nada mais é do que conhecer os segredos contidos nos Odù; porém somente os iniciados e consagrados podem realmente ter acesso à prática do oráculo.

Os Odù demonstram as diversas tendências da pessoa e dos acontecimentos que surgirão na vida dela; os Odù podem também estar direta ou indiretamente ligados aos sonhos, devendo o sacerdote sempre perguntar ao consulente a respeito de sonhos próximos à data da consulta, e no instante em que o consulente estiver descrevendo o/os sonhos, ele deve prestar bastante atenção, pois podem apresentar-se diversos detalhes em comum aos sonhos e estes poderão ajudar na solução do problema da pessoa, seja na criação de um ebo ou em atitudes a serem tomadas.

Os Odù que utilizamos para o oráculo dos búzios são a interpretação dos 16 principais Odù, que nada mais são do que 16 caminhos interligados um com o outro, ou seja, o primeiro caminho está interligado com todos os outros 15, e é por este motivo que, em determinadas situações, não é somente um Odù que se apresenta para resolver o problema da pessoa, o que significa que aquele determinado problema está sendo causado por diversos motivos e, sendo assim, exige diferentes soluções, porém todas interligadas.

Quando, há pouco, comentamos que o oráculo dos búzios é a interpretação dos 16 principais Odù, estamos realmente afirmando que estamos estudando os 16 primeiros e principais Odù enviados à Terra por Òrúnmìlà, e que desses 16 principais foi dada origem aos 256 *omo* Odù (Odù filhos), e que hoje já podemos dizer que existem cerca de 4.098 Odù do método de interpretação de Ifá.

Todo Odù está ligado a diversos Òrìsà, porém aquele Òrìsà que se apresentar primeiro em um determinado Odù, será ele um dos responsáveis diretos pela solução do problema do consulente.

A seguir, iremos relacionar os 16 principais Odù que começaremos a estudar com mais afinco:

/

ÒKÀNRÀN
EJÌOKO ou OYÈKÚ
ÉTAÒGÚNDÁ ou ÌWÒRI
ÌROSÙN
ÒSÉ
ÒBÀRÀ
ÒDÍ
EJÌONÍLE ou EJÍOGBÈ
ÒSÁ
ÒFÚN
ÒWÓNRÍN

EJÍLÀSEGBORA ou ÒTÚRÁ
EJÍOLOGBÓN ou ÒTÚRÚPÒN
ÌKÁ
OGBÈÒGÙNDÁ ou ÒGÙNDÁ
ÌRÈTÈ ou ALÁFIA

Os últimos quatro Odù são muito pesados quanto ao lado negativo, devendo-se sempre tomar muito cuidado na sua interpretação, principalmente na criação e execução de seus ebo; até mesmo o 16º Odù, que normalmente traz notícias esplêndidas e excelentes, vindo aparecer em um determinado jogo, em uma situação negativa, pode passar a trazer um recado muito perigoso para o consulente.

Esses quatro últimos Odù estão completamente ligados a feitiços, doenças, tragédias, dramas, etc., porém estes também podem se apresentar de maneira completamente positiva, dependendo da combinação deles com os demais e da sua colocação e situação no jogo em questão.

Existem também aqueles Odù que podemos chamar de confirmativos, que são os Odù 4, 6, 8, 10 e 12; porém é nossa inteira obrigação mencionar que esta observação depende não só da situação, colocação e combinação no jogo, mas também da ligação do sacerdote com o Ifá referentes a esses Odù e suas interpretações em relação ao sistema divinatório, pois Ifá, com certeza, sabe o que se passa na cabeça do sacerdote e do consulente no momento da pergunta para, assim, poder fornecer a sua devida resposta.

Deve-se ter, no momento do jogo, toda uma concentração e total interação com os elementos que o determinam; isto feito, com certeza o sacerdote alcançará a sensibilidade para visualizar e pressentir, no decorrer do jogo, quando é que realmente um Odù traz um recado de solução para o problema da pessoa através de caminhos de ebo ou de qualquer outro tipo de sacrifício. Alguns problemas que surgem na vida das pessoas estão realmente marcados para acontecer, e se fizermos alguns trabalhos para modificar o rumo da situação poderemos fazer com que o consulente venha a ser prejudicado no futuro, por isso a importância de se cultuar o Orì. Muitas vezes, diríamos até na maioria dos casos, vale muito mais um egborì (cerimônia de adoração a cabeça) do que um ebo adímu ou etutu.

Numerologia Africana

Entramos agora em um assunto de grande interesse e importância para o auxílio de melhores resultados para o jogo do sacerdote, que é o método de soma de Odù por meio da data de nascimento de uma pessoa.

Os africanos utilizavam esse método para facilitar o entendimento das informações referentes ao consulente e aos seus destinos previamente determinados e suas tendências, podendo de maneira geral aconselhar o consulente quanto a advertências, interdições, cuidados a serem tomados, etc.

A soma dos Odù também pode ser representada como um complemento do sistema divinatório de Ifá. Algumas pessoas não utilizam este método de numerologia africana, e muitas vezes podem lhes ser apresentadas algumas dúvidas durante o jogo que poderiam ser sanadas com soma; o sacerdote passa a não saber a origem do problema, podendo vir até a indicar um sacrifício errado para o consulente, pois quase sempre a solução, ou parte da solução, está contida em um dos Odù do consulente.

É importante ressaltar que a soma dos Odù é um método muito prático e fácil de ser efetuado, não exigindo muito tempo. Pode ser feito por qualquer pessoa, até os não iniciados.

Vejamos, a seguir, como podemos utilizar a numerologia africana.

Odù de nascimento

Esse é o Odù mais importante para uma pessoa, ele a acompanha desde o instante do nascimento. Esse Odù auxilia e influencia na vida da pessoa não só no nascimento, mas durante toda a sua vida, até a morte. Para se descobrir o Odù de nascimento, deve-se, obviamente, jogar antes de se fazer a soma e posteriormente à soma, e confirmar com toda certeza possível. A soma deve ser feita com as duas últimas casas decimais da data de nascimento da pessoa, ou seja: soma-se o ano em que a pessoa nasceu.

Obs.: Neste caso, a soma para a obtenção desse Odù é orientativa, pois pode acontecer de, quando jogar para o consulente, vir a se apresentar outro Odù, devendo assim o sacerdote estudar a situação e utilizar dos métodos confirmativos para alcançar a real certeza de qual é o Odù de nascimento correto de seu consulente.

Exemplo: 06/09/1997 Soma-se 9 + 7 = 16 = 7 = Odù Ìrẹ̀tè

Há casos de pessoas que nasceram nos anos de 1989, 1998, 1999 e outros em que a soma é superior a 16. Nesses casos, devemos efetuar duas somas:

Exemplo: 06/09/1989

1ª soma: Soma-se 8 + 9 = 17

2ª soma: Soma-se 1 + 7 = 8 Odù Èjìoníle

A segunda soma deve ser feita porque o sistema oracular dos búzios corresponde a 16 Odù e, no caso, o número 17 ultrapassou os 16 Odù do jogo de búzios; então, efetuamos essa segunda operação.

Odù de amparo

Como o próprio nome diz, esse Odù consiste em estar efetuando um amparo para a pessoa durante toda sua trajetória na vida terrena, até o instante de sua morte. É também um Odù muito importante, pois é por intermédio dele que a pessoa também pode adquirir auxílio e ajuda para resolver os problemas que surgiram em sua vida. Para descobrir o Odù de amparo, também como todos os Odù, deve-se jogar antes e depois de fazer a soma e sempre pedir ao Ifá para confirmar o resultado obtido. A soma deve ser feita da seguinte maneira:

Exemplo: 14/07/1942

(1 + 4) + (0 + 7) + (4 + 2)

5 + 7 + 6 = 18 = 1 + 8 = 9 Odù Òsá

Odù de prosperidade

Esse Odù é o que indica como a pessoa deve proceder para alcançar o desenvolvimento ideal de sua vida, seja ela material ou espiritual. Indica os caminhos corretos a serem percorridos, os cuidados a serem tomados e todos os tipos de advertências que possam favorecer a pessoa. Para descobrir o Odù de prosperidade, deve-se jogar antes e depois de ter efetuado a soma do Odù, e sempre pedir a total confirmação de Ifá. A soma deve ser feita da seguinte maneira:

Exemplo: 06/09/1997

(0 + 6) + (0 + 9) + (1 + 9 + 9 + 7)

6 + 9 + 26 = 41 4 + 1 = 5 Odù Òs̲é

Agora, para continuar com as demais somas, iremos tomar como base um desenho que representa o Orì da pessoa (vista superior) e onde fica localizado cada Odù a ser determinado para este.

Vista superior da cabeça (Orì)

Ju Orì

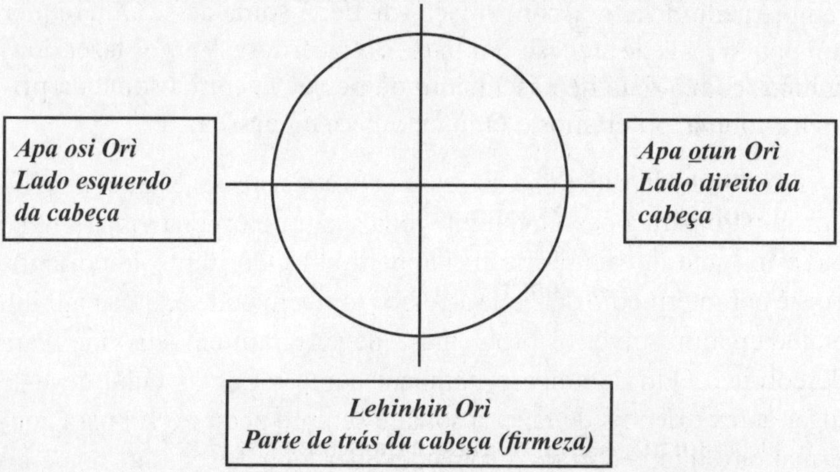

Vamos demonstrar como chegar a tais Odù antes mencionados:

Odù de placenta

Atua na vida da pessoa desde a concepção do feto até o instante do nascimento da criança. A partir desse instante, passa a ser um simples Odù que não terá mais grande influência na vida da pessoa, tornando-se um simples Odù de destino. Para se achar o Odù de placenta da pessoa, deve-se jogar antes e depois de efetuada a soma, pedindo sempre total confirmação de Ifá. A soma deve ser feita da seguinte maneira:

Exemplo: 06/09/1997
(0 + 6) + (0 + 9) + (1 + 9 + 9 + 7)
6 + 9 + 26 = 41 — 4 + 1 = 5 Odù Òsé

Odù de cabeça

É o Odù de maior ligação com a pessoa, pois esse Odù está ligado diretamente com o Orì da pessoa. Ele exerce grande influência na vida dela e é o Odù que lhe transmite a maior quantidade de informações. Já foi visto que Orì é um dos principais Òrìsà que devemos cultuar, visto que é por intermédio dele que o homem encontrará seu Eu interior, ou seja, seu Orì espiritual. Para achar o Odù de cabeça de uma pessoa, deve-se jogar antes e depois de feita a soma, sempre pedindo a total confirmação de Ifá. A soma desse Odù requer um pouco mais de atenção por parte do sacerdote. Vamos fazer duas colunas com a data de nascimento da pessoa e, com a soma da primeira coluna, obteremos o Odù de cabeça da pessoa.

Exemplo: 06/09/1987

1ª coluna	**2ª coluna**
0	6
0	9
1	9
8	7
9	

Desta forma, o Odù de cabeça da pessoa é o Odù Òsa.

Odù de firmeza

Esse Odù é muito utilizado para dar equilíbrio na vida da pessoa. Está completamente ligado às informações referentes aos pontos de apoio e sustentação da pessoa. É como se fosse uma coluna de sustentação de uma casa. Para se achar esse Odù, deve-se jogar antes e depois de feita a soma, e pedir total confirmação de Ifá. Ele é obtido através da soma dos algarismos da 2ª coluna da data de nascimento da pessoa:

Exemplo: 06/09/1987

1ª coluna	**2ª coluna**
0	6
0	9
1	9
8	7
	31 = 3 + 1 = 4

Desta forma, o Odù de firmeza da pessoa é o Odù Ìrosùn.

Odù de caminhos

É o Odù que mostra todas as dificuldades ou facilidades que a pessoa enfrentará na vida. É, propriamente dito, o que chama-mos de destino. Geralmente, nas consultas, os consulentes se interessam mais por esse Odù, pois ele fala praticamente do futuro da pessoa. Para se achar esse Odù, deve-se jogar antes e depois de feita a soma, e pedir total confirmação de Ifá. A soma deve ser feita da seguinte maneira:

Exemplo: 06/09/1987

1ª coluna	**2ª coluna**
0	6
0	9
1	9
8	7
9	31

Soma-se, então:

9 + 31 = 40 = 4 + O = 4

Desta forma, o Odù de caminho da pessoa é o Odù Ìròsun.

Obs.: A numerologia até então citada não deve ser adotada como regra geral, pois o ideal seria confirmar no jogo de búzios todos os Odù citados, com base em suas respectivas numerologias.

Leitura de Cabeça

Esta é uma das maneiras como se pode começar o jogo de búzios após a execução das rezas; este método pode ser feito para qualquer tipo de pergunta na obtenção de uma resposta, porém, é comum utilizá-lo até mesmo antes de o consulente fazer qualquer tipo de pergunta, pois assim os quatro Odù que se apresentarem no jogo estarão praticamente ligados com tudo que se passa atualmente na vida da pessoa ou a fatos muito próximos de acontecerem ou que aconteceram recentemente na vida dela. O mais correto é, após a apresentação dos quatro Odù, o sacerdote fazer uma relação entre todos eles e verificar as situações especiais que podem aparecer; em seguida, sim, começar a dizer ao consulente o que os Odù a ele trouxeram.

Primeiramente, deve-se perguntar para Ifá qual é o Odù que se apresenta naquele exato instante na parte da frente do Orì do consulente. Depois, pergunta-se qual é o Odù que se apresenta na parte de trás da cabeça do consulente naquele exato instante, e repete-se a pergunta para o lado esquerdo da cabeça da pessoa e para o lado direito da cabeça da pessoa. Por último, pergunta-se qual é o Odù que se apresenta no centro da cabeça da pessoa, podendo o Odù que se apresentar neste caso ser o Odù de nascimento da pessoa coincidentemente.

Em alguns casos, ou se preferir em todos, pode-se no instante em que disser a parte da cabeça da pessoa para Ifá, jogar água no chão e, em seguida, com os dedos molhados, tocar o chão e a parte correspondente, naquele instante, da cabeça da pessoa.

Vista superior da cabeça (Orì)

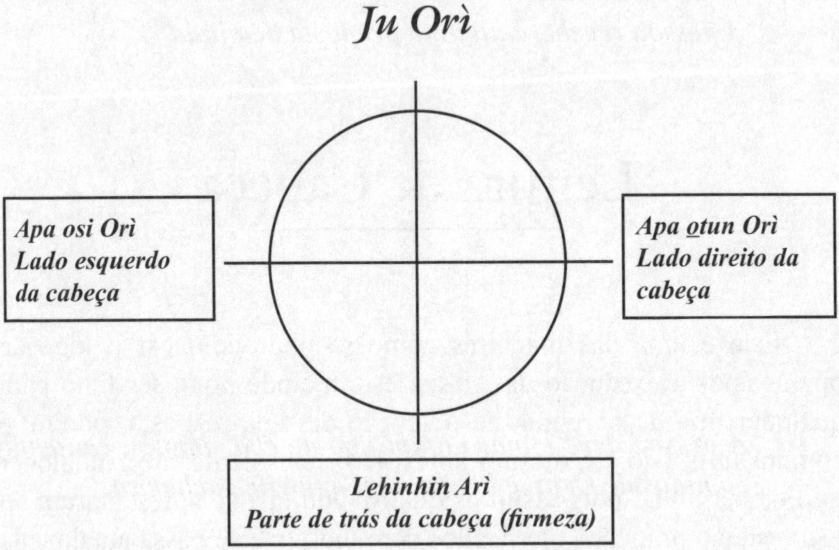

Seguem-se algumas das possíveis situações especiais da leitura de cabeça do consulente:

A pessoa receberá alguma proposta de ajuda.

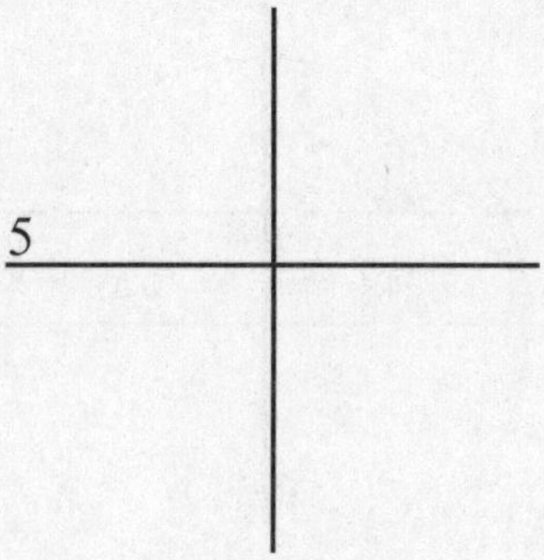

A pessoa deve tomar algum tipo de ebo simples, contendo comidas de Òsun e banho com água de cachoeira.

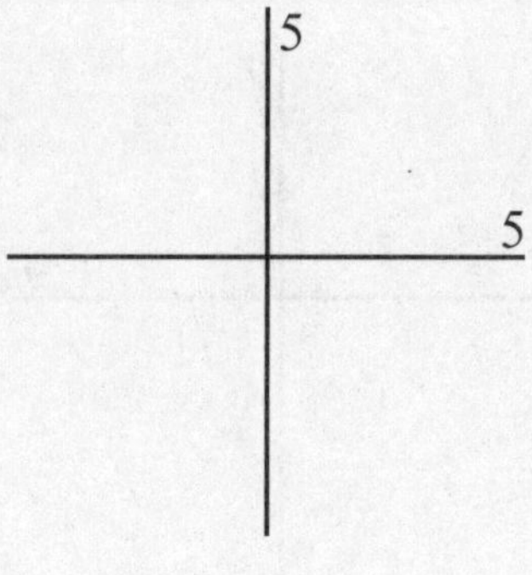

A pessoa deve fazer algum agrado para Òsun e tratar seu Odù de caminho.

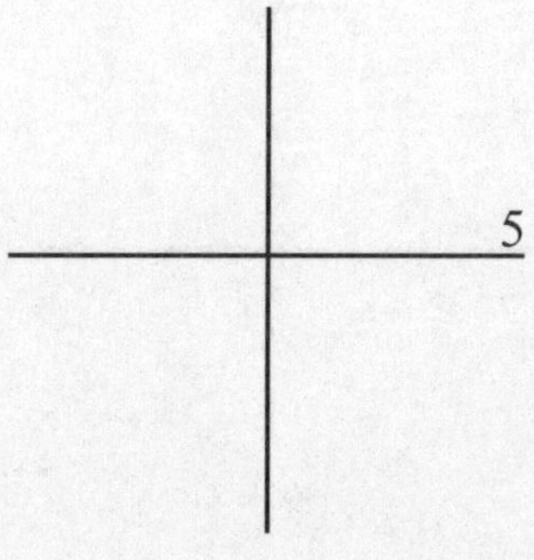

A pessoa deve fazer alguma oferenda urgente a Iyâmi, no pé de uma jaqueira, e tratar seu Odù de firmeza.

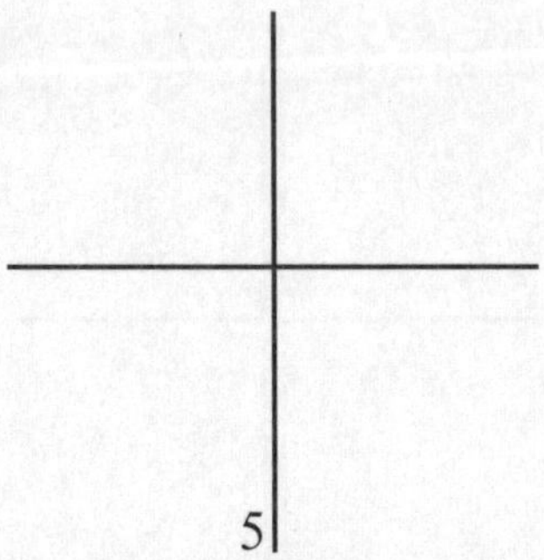

A pessoa está sofrendo com falsidades e está recebendo influências negativas de Égúngún; tomar e̲bo̲ Ikú e banho de agbo.

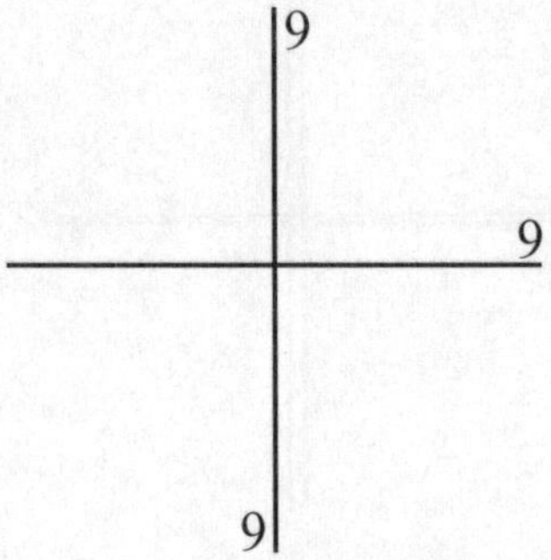

A pessoa tem algum ébrio na família.

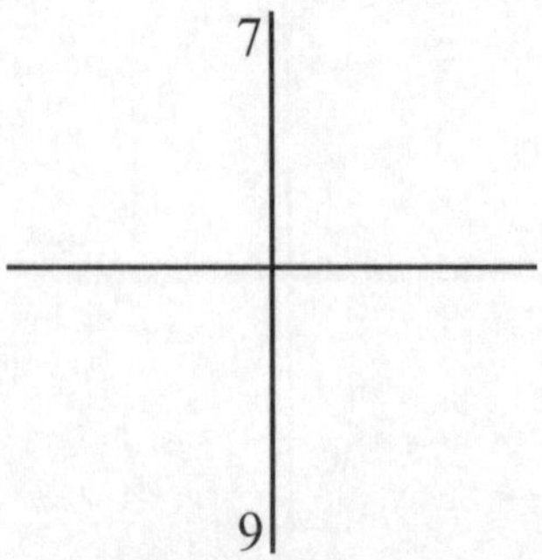

Traz para a pessoa recado de boas notícias e proteção espiritual; agradecer ao Odù de placenta da pessoa ou tratá-lo.

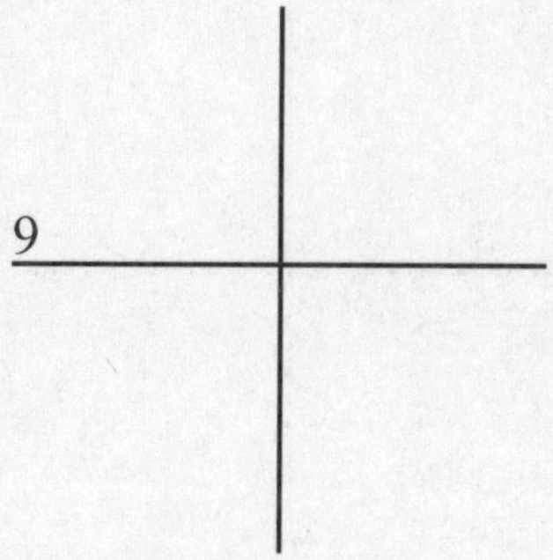

A pessoa deve fazer alguma obrigação ao seu Òrìsà; deve ir mais a fundo quanto à possível necessidade de obrigação no culto de Ifá.

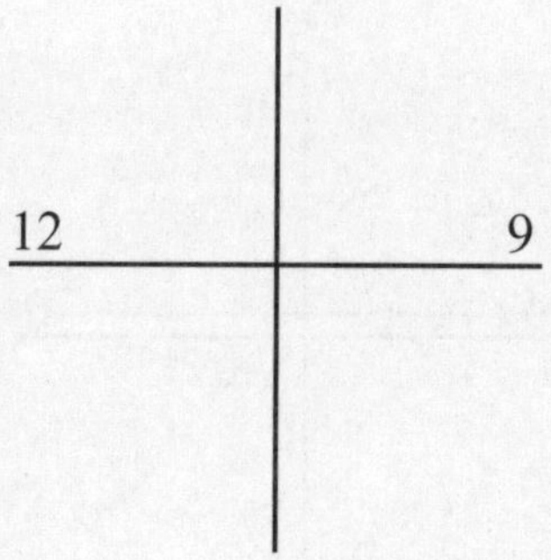

Tem algum tipo de feitiço prejudicando a pessoa; verificar qual Odù irá ajudá-la para fazer o seu ebo.

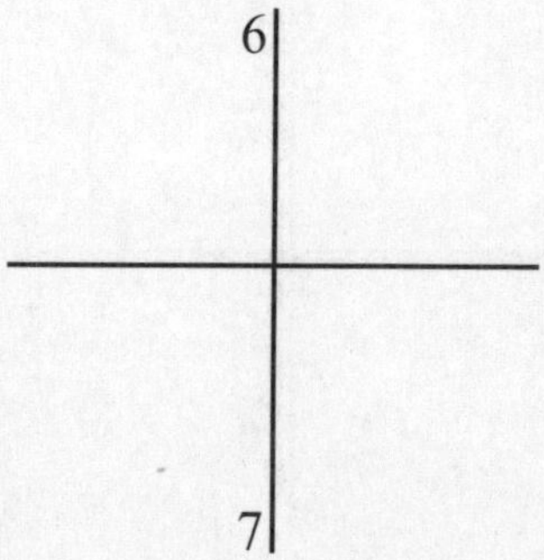

A pessoa corre grande risco de perder tudo o que tem; fazer ebo do Odù Òbàrà, agrado a Sàngó e bori.

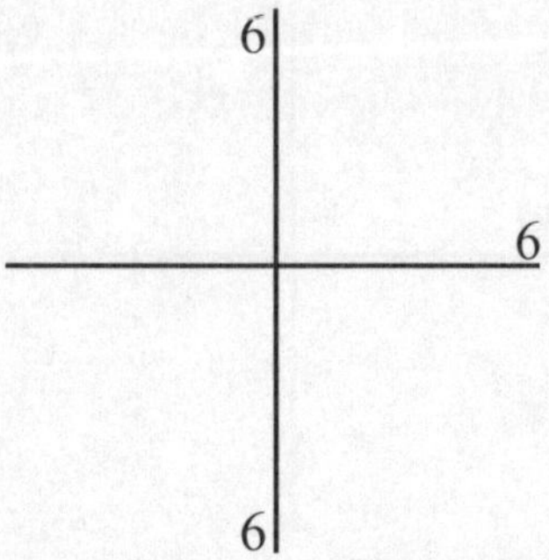

A pessoa possui algum tipo de ligação com Abikú, devendo tomar ebo Ikú urgente; banhos de ervas, para protegê-la de perigos e doenças; também pode ser dado bori na pessoa.

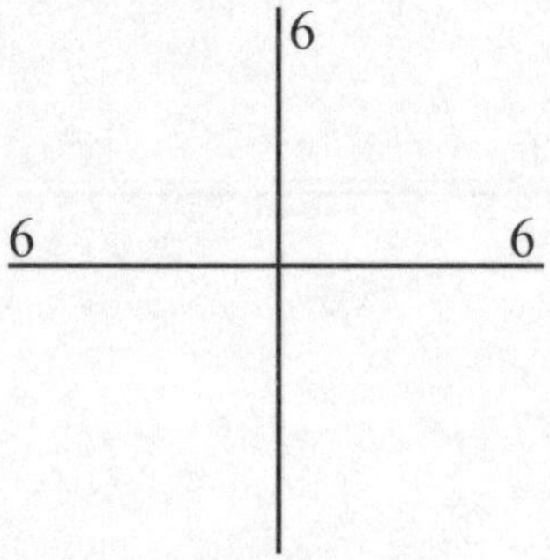

A pessoa deve tomar um ebo do Odù ou tratar o seu Èsù.

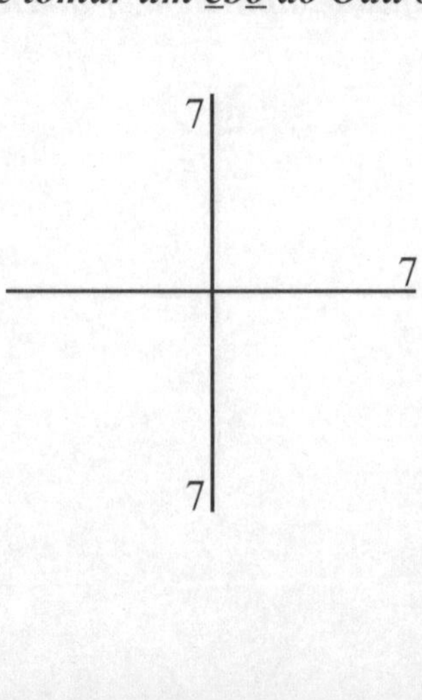

A pessoa terá a última chance de solucionar um problema; aconselha-se tomar ebo e banho de folhas e bori.

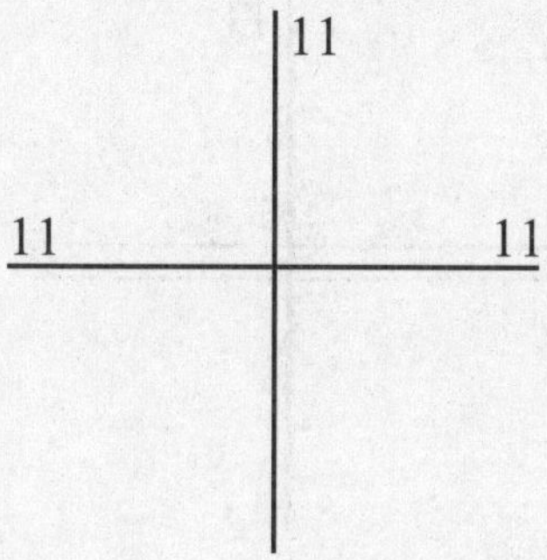

Tem algum tipo de perigo no caminho da pessoa; tratar o Odù de caminho e de firmeza da pessoa.

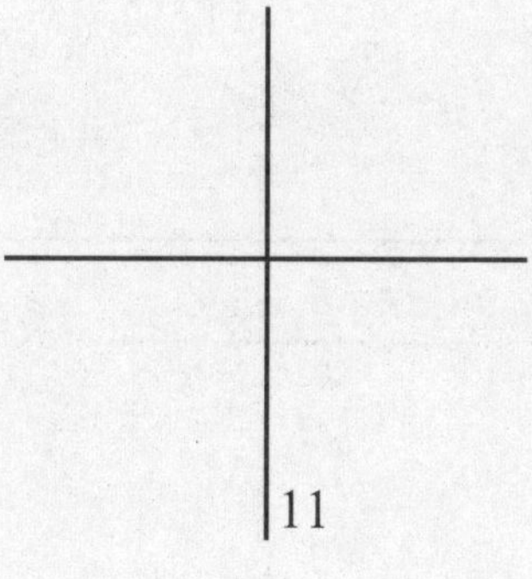

Os perigos que poderiam vir a prejudicar a pessoa não prejudicarão mais.

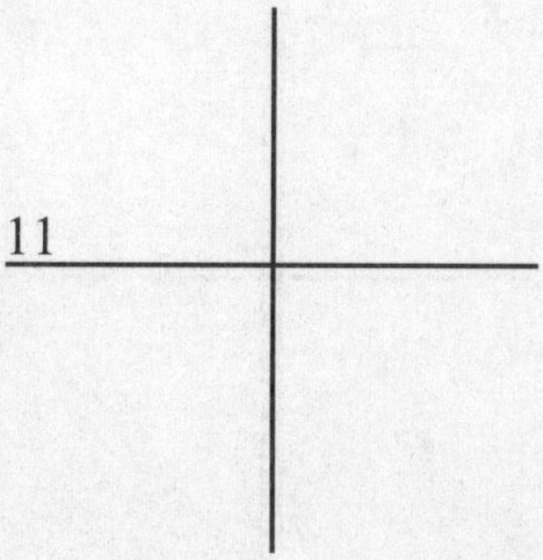

A pessoa está cercada por diversos perigos; tomar e̱bo̱ do Odúù Òwónrín bori; tratar o Odù de caminho da pessoa.

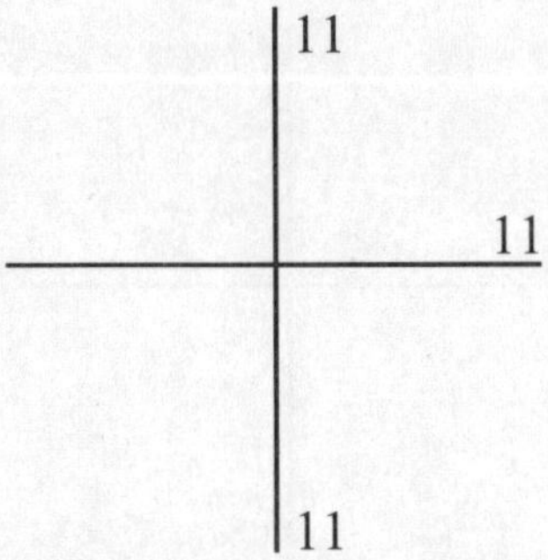

Caminhos perigosos estão por vir para a pessoa; tomar e̱bo̱ do Odù Òwónrín; tratar o Odù de caminho e cabeça da pessoa.

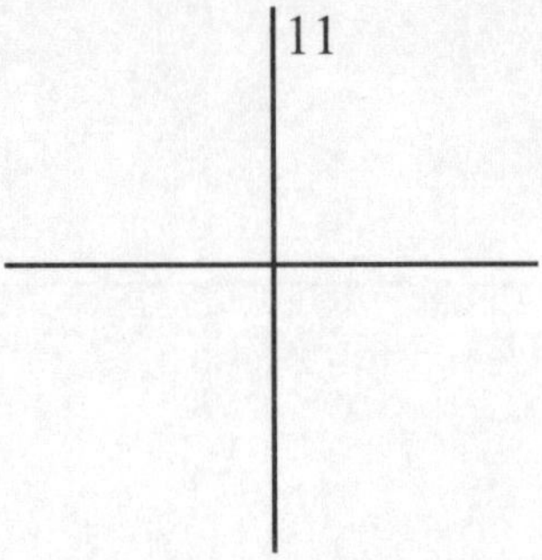

A pessoa deve tomar cuidado com Íkú; tomar e̱bo̱ Ikú, bori, banhos; tratar o Odù de cabeça da pessoa. Tomar cuidado com acidentes, brigas e doenças.

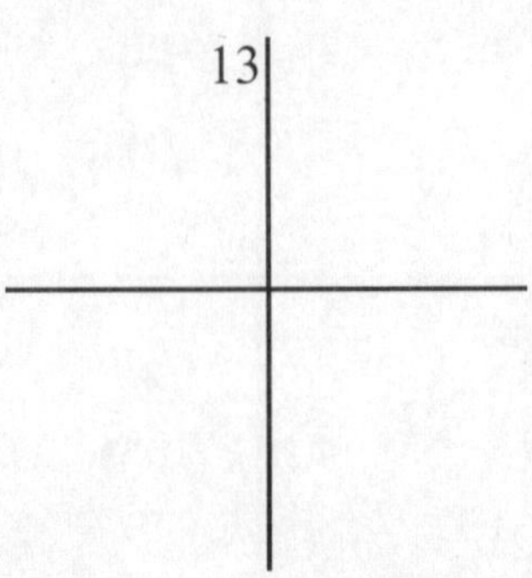

A pessoa, no instante, não corre perigo com Ìkú.

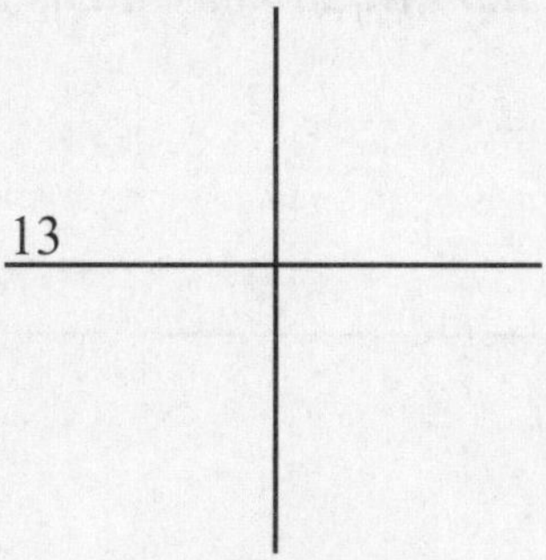

A pessoa encontra-se completamente cercada por Ìkú; não deixar a pessoa ir embora; fazê-la tomar ebo Íkú, ebo do Odù Òtúrípòn, tratar de todos os seus Odù, tomar bori, tratar de seu Èsù e seu Olori, dar agrado a Òrúnmìlà pedindo vida para a pessoa. Em alguns casos, é preciso iniciar a pessoa no culto a Òrìsà ou Ifá.

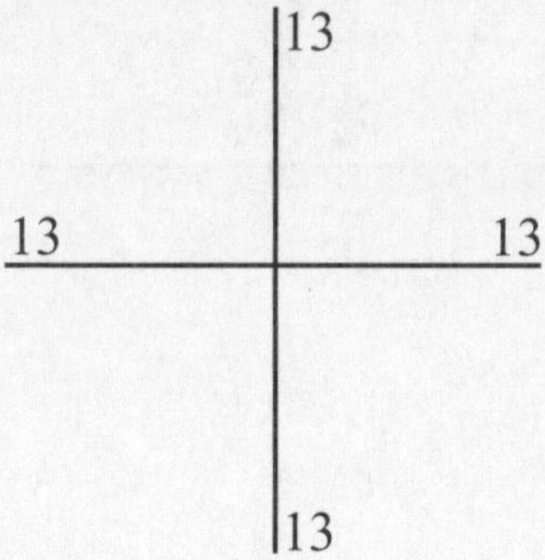

A pessoa tem poucos dias de vida; fazer o mesmo procedimento da situação anterior.

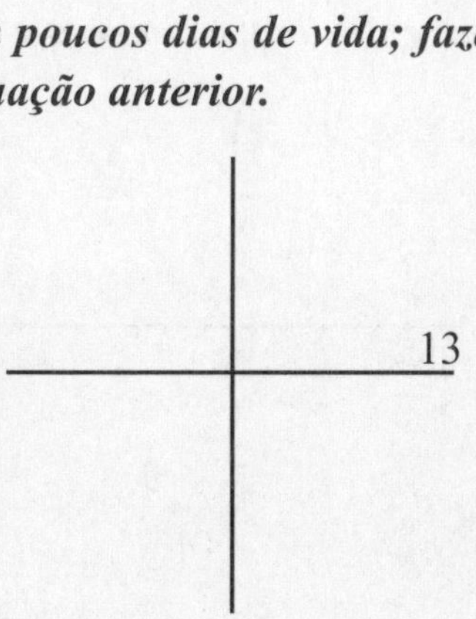

A pessoa deve tomar cuidado com Ikú num futuro bem próximo; tomar ẹbọ Ikú e tratar dos Odù de caminho e de firmeza.

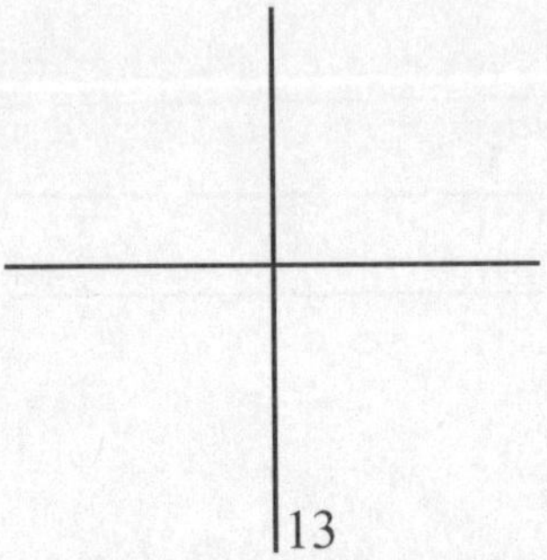

A pessoa está com os caminhos fechados; tomar cuidado com brigas, negócios, saúde, intrigas. Tomar ẹbọ Ikú e tratar os Odù de cabeça e de caminho da pessoa.

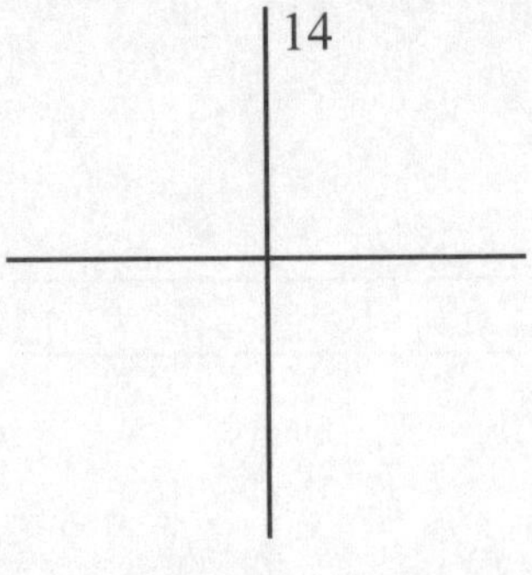

Indica vitórias e progressos na vida da pessoa; agradecer aos Odù de placenta, de nascimento e ao Orì da pessoa.

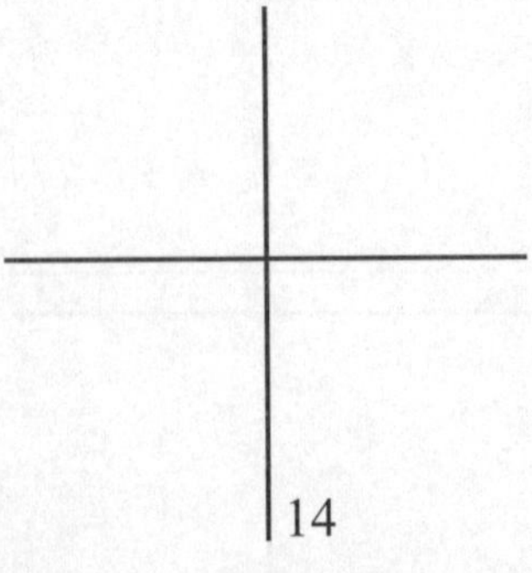

Só há uma oportunidade de a pessoa se salvar: iniciando-se no culto à Òrìs̱à ou Ifâ. "Verificar".

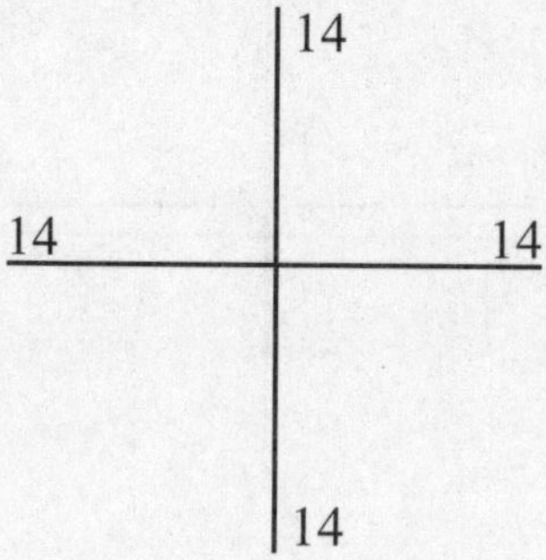

Pessoa correndo perigo; tomar e̱bo̱ do Odù ògùndá; tratar seu Odù de cabeça.

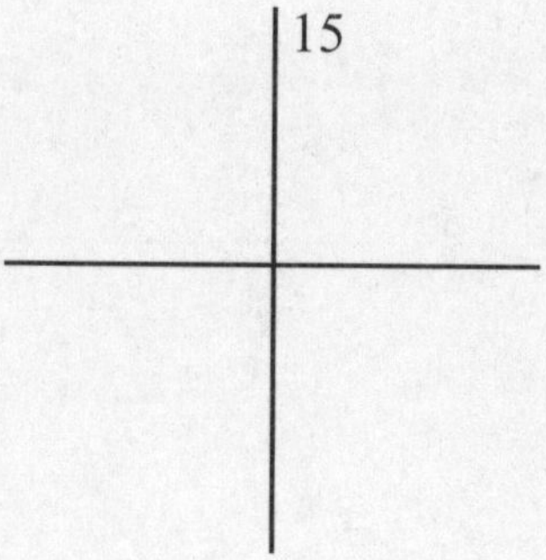

A pessoa irá passar por algum prejuízo financeiro.

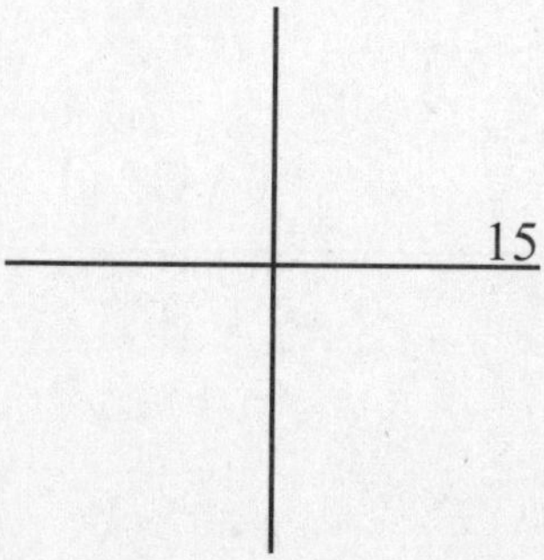

A pessoa recebe proteção contínua de Òrìs̱à.

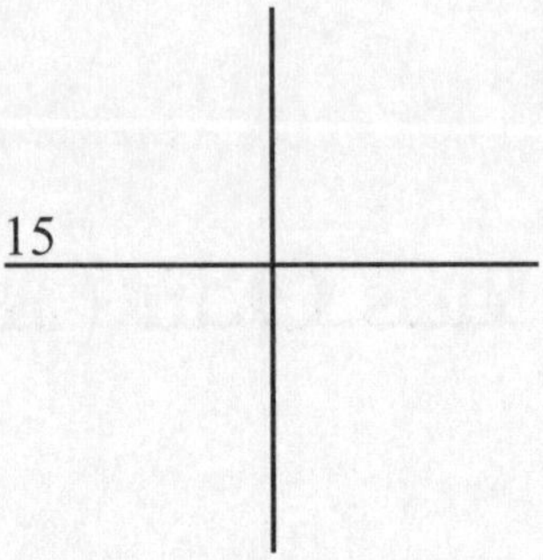

Obs.: Todo Odù, com exceção do Odù 13, quando se apresentar, ocupando as quatros partes que dividem o Orì da pessoa para a leitura de cabeça, está trazendo o recado de que a pessoa deve ser iniciada no culto a Òrìs̱à ou no de Ifá, devendo confirmar na hora do jogo.

Os Nomes dos Odù (Awon Odù)

1. ÒKÀNRÀN: o primogênito.
2. EJÌOKO ou OYÈKÚ: duas vezes fazendeiro ou duas vezes na cidade de Oko.
3. ÉTAÒGÚNDÀ ou ÌWÒRI: está ligado à criação de Ògún, é o terceiro elemento.
4. ÌROSÙN: pó extraído de uma árvore africana e usado por Ifá.
5. ÒSÉ: agradecimento, sendo uma situação totalmente favorável de Òsùn.
6. ÒBÀRÀ: o rei do corpo.
7. ÒDÍ: o avesso, o contrário.
8. EJÌONÍLE ou EJÍOGBÈ: duas vezes o Senhor da Terra.
9. ÒSÁ: lagoa.
10. ÒFÚN: nome do pó branco de Òsàlá.
11. ÒWÓNRÍN: maluco, louco, assustado.
12. EJÍLÀSEGBORA ou ÒTÚRÁ: 12 vezes egbora.
13. EJÍOLOGBÓN ou ÒTÚRÚPON: duas vezes mais velho.
14. ÌKÁ: maldoso, sanguinário.
15. OGBÈÒGÙNDÁ ou ÓGÙNDÁ: criar guerra pela faca ou creio na faca de Ògún.
16. ÌRÈTÈ ou ALÁFIA: paz, prosperidade.

Os recados dos Odù de nascimento "Odù Bí" pelo método Obanikan

Todos os Odù trazem consigo diversos ensinamentos, sendo que um deles é diretamente a seus filhos, que é o que veremos agora. Como já sabemos, achar o Odù de nascimento de uma pessoa, vamos verificar os arquétipos das pessoas em relação ao seu Odù de nascimento.

1. ÒKÀNRÀN: As pessoas que são filhas deste Odù são geralmente diabólicas e ruins, trazendo consigo grandes cargas negativas. Quando forem iniciadas no culto aos Òrìṣà, deve-se verificar se não são filhas de Ṣàngó, Òya ou Èṣù, por causa de uma grande tendência que existe; caso não sejam filhos de nenhum desses Òrìṣà, então deverão cultuá-los. Como iniciados, os filhos deste Odù sempre dão muito trabalho, devendo em alguns casos nem ser iniciados. Somente cultuar os Òrìṣà antes mencionados. Também são pessoas muito medrosas, inseguras e tímidas e devem procurar sempre se manter afastadas das sujeiras.
2. EJÌOKO ou OYÈKÚ: Os filhos deste Odù encontram certa facilidade para tudo o que decidem fazer na vida. Os filhos deste Odù também são pessoas muito traiçoeiras; têm forte tendência para ter filhos gêmeos. Pessoas que são gêmeas normalmente são filhas deste Odù; quase sempre precisam cultuar Ibeji para se dar bem na vida; são pessoas que apresentam dupla personalidade, mentirosas, falsas, estão sempre aprontando e sempre se dando bem. Os filhos deste Odù não devem comentar sobre suas coisas com outras pessoas. São pessoas insistentes; tudo que fizerem na vida para o próprio benefício devem fazer também para o benefício de alguém, pois sua felicidade não caminha só consigo.
3. ÉTAÒGÚNDÀ ou ÌWÒRI: Os filhos deste Odù costumam mentir quando se sentem ameaçados ou culpados por um determinado problema; costumam negar a verdade dos fatos

para se favorecer; são pessoas que fazem sempre inúmeras promessas e nunca as cumprem e estão costumeiramente procurando desculpas para isso ou aquilo.

4. ÌROSÙN: Os filhos deste Odù possuem uma proteção exagerada deste Odù. São pessoas francas, sinceras e geralmente mão aberta quanto a dinheiro; não gostam de ver ninguém chorar miséria, gostam de fazer a caridade e ajudar ao próximo. Possuem certa inclinação aos mistérios e ao ocultismo; são pessoas que não sabem guardar segredos e que possuem alguma ligação com Ègúngún, além de serem predestinadas a adquirir segredos do culto de Ifá. São também pessoas orgulhosas, animadas, exaltadas, realizadoras, agressivas e que se deixam dominar pela cólera, podendo vir a ter problemas cardíacos, circulatórios e inflamações. Os filhos deste Odù devem cultuar Ògún.
5. ÒSÉ: Os filhos deste Odù são pessoas com quem, dentro do culto, deve-se ter muito cuidado; magoam-se facilmente, são volúveis, desequilibradas emocionalmente e às vezes gostam de fofocas; são orgulhosas.
6. ÒBÀRÀ: Os filhos deste Odù normalmente são nervosos, estourados, invocados e costumam irritar-se facilmente, possuindo diversas personalidades, conforme a sua necessidade particular para tirar proveito de determinada situação.
7. ODÍ: Os filhos deste Odù são muito sonhadores, inteligentes, talentosos e caprichosos; têm mania de grandeza, são arrogantes, têm o rei na barriga, gostam de intrigas. São respeitados e protegidos por Èsù, porém também são perturbados por ele.
8. EJÌONÍLE ou EJÍOGBÈ: Os filhos deste Odù são trabalhadores, pessoas decididas, valentes, arrojadas; normalmente são de pouca conversa, curiosos e gostam de viajar.
9. ÒSÁ: Os filhos deste Odù são muito brincalhões e exagerados em suas brincadeiras, tornando-se até meio presepeiros. Devem ajudar pessoas de idade de longe e

não devem visitar mulheres que pariram há pouco tempo. São os mais perigosos como filhos de santo; são daquelas pessoas que só acreditam vendo; são pessoas muito críticas, metódicas e individualistas.

10. ÒFÚN: Os filhos deste Odù só se realizam materialmente após se realizarem espiritualmente. São envelhecidos internamente, perseverantes e teimosos. São dotados de bastante calma e paciência e sempre pensam muito antes de tomar qualquer atitude em sua vida.
11. ÒWÓNRÍN: Os filhos deste Odù são pessoas malvadas, possuem uma natureza ruim: quando eles gostam de alguém, ajudam este alguém incansavelmente até serem traídos e, quando traídos, farão de tudo para prejudicar esse alguém. Quando atacados, não medem esforços para exterminar o inimigo. Normalmente são pessoas que têm sorte no que fazem na vida.
12. EJÍLÀSEGBORA ou ÒTÚRÁ: Os filhos deste Odù são pessoas barulhentas que gostam de chamar a atenção. São brigões, chegando ao ódio e à cólera rapidamente. Quando se dão mal com alguma atitude tomada, jamais se arrependem. Devem evitar fofocas para manter sua integridade frágil pelo fato de estarem sempre arrumando confusões. Não podem se embriagar; são pessoas que não precisam se vingar de outras para alcançar a vitória: eles já a têm como destino em suas vidas.
13. EJÍOLOGBÓN ou ÒTÚRÚPON: Devem sempre estar com suas obrigações espirituais em dia; pela grande ligação com Égúngún, devem estar sempre muito bem amparados e protegidos. São pessoas que normalmente têm algum problema sanguíneo.
14. ÌKÁ: Os filhos deste Odù são pessoas dotadas de muita inteligência; são pessoas que normalmente gostam de ler e de estudar, inclinadas à iniciação em Ifá; em alguns casos, são pessoas interesseiras.

15. OGBÈÒGÙNDÁ ou ÓGÙNDÁ: Os filhos deste Odù são pessoas conciliadoras, sonhadoras e possuem espírito benevolente; possuem sorte para a riqueza e prosperidade; são pessoas dúbias e podem ter problemas nas pernas.
16. ÌRẸ̀TÈ ou ALÁFIA: Os filhos deste Odù são pessoas que aparentam ser calmas e generosas até que consigam o que desejam; quando pobres, possuem facilidade para arrumar dinheiro na vida. Também são pessoas de grande inteligência e de grande inclinação à iniciação no culto de Ifá.

Interdições africanas dos Odù ÉÈÓÒ

As interdições nada mais são que atitudes, objetos ou comidas ligados àquele determinado Odù de maneira negativa; assim sendo, esta negatividade é passada do Odù para seus filhos, devendo os mesmos evitá-las ao máximo para não se prejudicarem na vida.

1. ÒKÀNRÀN: Os filhos deste Odù nunca podem comer àkàsà e quiabo; não podem queimar galhos da árvore de Iroko; não podem amarrar qualquer tipo de feixe de lenha, não podem sequer tocar ou ainda chegar perto de cipó; não devem pedir dinheiro emprestado; devem evitar de ir a hospital; não devem ser infiéis nem praticar a vingança e devem cultuar Ṣàngó, Òya e Èṣù.
2. EJIOKO ou OYEKÚ: Os filhos deste Odù não podem comer carne de qualquer tipo de pássaro, galo, nem carne de galinha ou d'angola nem comer mamão, além de não poderem andar ou viver sozinhos e devem cultuar Ìbeji.
3. ÉTAÒGÙNDÀ ou ÌWÒRI: Os filhos deste Odù não podem comer carne de galo, antílope, serpentes, inhame e mandioca; devem evitar ao máximo tomar qualquer tipo de bebida alcoólica; não podem transportar consigo qualquer tipo de arma e não devem abrir ou cavar buracos.

4. IROSUN: Os filhos deste Odù não podem comer frutas ou cereais vermelhos; não podem usar roupas vermelhas, devem evitar ao máximo brigas e confusões; devem ser pessoas que não venham a divulgar seus planos e ideias com outras, ou seja, devem manter segredo de suas ideias para que venham a dar certo; não podem saltar valas e buracos ou caminhar no mangue; e não podem chupar qualquer tipo de osso.
5. OSÉ: Os filhos deste Odù não podem comer inhame assado, carne de galinh-d'angola, perdiz, galo e obí; não devem usar roupas com mais de três cores; não podem transportar feixe de lenha na cabeça, nem devem, de maneira nenhuma, tocar em madeira podre.
6. OBÀRÀ: Os filhos deste Odù não podem comer qualquer tipo de peixe defumado, àkàsà, carne de tartaruga e de galo; não devem ajudar pessoas a levantar qualquer objeto do chão; devem evitar ao máximo fofocas, fuxicos, enfim, evitar falar de maneira negativa da vida de outras pessoas.
7. ODÌ: Os filhos deste Odù não podem comer carne de lebre ou de coelho, purê de batata e qualquer tipo de grão; não devem dormir de barriga para cima; não devem matar insetos com as mãos; devem evitar formar grupos de sete pessoas para qualquer coisa que forem fazer, e em seus ẹbọ ou trabalhos devem procurar estar de roupas vermelhas e/ou marrons.
8. EJIONÍLE ou EJÍOGBE: Os filhos deste Odù não podem comer àkàsà e carne de galo; não podem matar ratos; não podem usar roupas vermelhas ou escuras nem beber vinho de palma.
9. OSÁ: Os filhos deste Odù não podem comer carne de galo nem qualquer tipo de comida de Nàná; devem evitar usar roupas vermelhas e azuis; não devem beber vinho de palma nem usar folhas de Iroko e bambu, nem praticar feitiçaria; devem evitar ter relações sexuais durante o dia.

10. OFÚN: Os filhos deste Odù devem evitar ao máximo ingerir qualquer tipo de bebida alcoólica e não podem, de maneira alguma, beber vinho de palma; não podem comer carne de galo, porco, crocodilo, elefante, cobra e comidas que são de Nàná e Òsùmàrè; não devem peneirar qualquer tipo de farinha nem soprar fogo; e não devem usar roupas vermelhas.
11. OWONRIN: Os filhos deste Odù não podem comer carne de galinha-d'angola; não podem usar roupas coloridas, não podem beber vinho de palma e devem evitar ao máximo tomar banhos de mar.
12. EJÍLÀSEGBORA ou OTÚRÁ: Os filhos deste Odù não devem comer, de maneira alguma, qualquer tipo de carne de animal decapitado nem milho vermelho; e não devem matar borboletas.
13. EJÍOLOGBÓN ou OTÚRÚPON: Os filhos deste Odù não devem comer qualquer tipo de ave de rapina; não devem usar perfumes fortes; roupas vermelhas; não podem tomar vinho de palma; não devem cultivar qualquer tipo de planta espinhosa; não podem destruir formigueiros e devem evitar ao máximo de usar amuletos.
14. IKÁ: Os filhos deste Odù não podem comer qualquer tipo de peixe defumado, não podem comer carne de jacaré e batata-doce nem tomar vinho de palma; não podem beber em cabaça e devem eles mesmos despachar todos os seus próprios sacrifícios.
15. OGBÈÒGÙNDÁ ou ÒGÙNDÁ: Os filhos deste Odù não podem comer feijão descascado nem carne de galinha-
- d'angola e de pombo; devem evitar de ingerir qualquer alimento que contenha azeite de dendê; não podem comer banana da terra nem qualquer tipo de fruta branca; e devem evitar de fazer oferendas e agrados a Nàná e Òsùmàrè.
16. IRÈTÈ ou ALÁFIA: Os filhos deste Odù não podem comer carne de galo, porco e tartaruga nem milho assado e inhame pilado; não devem possuir cães nem devem usar qualquer tipo de tabaco; devem dar esmolas generosas aos mais pobres e devem possuir em suas casas assentamentos ou altares para fazer suas preces.

Os riscos (signos) de cada Odù

Os riscos dos Odù são, propriamente dito, os caminhos de Ifá para chegar até ao consulente ou o sacerdote; são a maneira gráfica e de simbologia de como devemos representar e de como são representado os Odù. Essas marcas têm de ser estampadas nos objetos e ingredientes dos diferentes tipos de oferendas. Esses símbolos são a principal ligação entre o Odù e o objeto pelo qual ele está identificado. Seguem-se os riscos dos 16 principais Odù.

Odù Èjiogbè	Odù Òyékú	Odù Ìwòrì	Odù Òdi
I	II	II	I
I	II	I	II
I	II	I	II
I	II	II	I

Odù Òbàrà	Odù Òkànràn	Odù Ìrosún	Odù Òwórín
I	II	I	II
II	II	I	II
II	II	II	I
II	I	II	I

Odù Ògúndá	Odù Òsá	Odù Ìrété	Odù Òtúrá
I	II	I	I
I	I	I	II
I	I	II	I
II	I	I	I

Odù Òtuúrupòn	Odù Ìká	Odù Òsé	Odù Òfún
II	II	I	II
II	I	II	I
I	II	I	II
II	II	II	I

Os recados de cada Odù pelo Método Obanikan Egba

Cada Odù traz consigo seus elementos, domínios e pontos de ligação com nosso mundo e os seres nele existentes. Os recados que se seguem devem ser interpretados da melhor maneira possível pelo consulente, devendo este sempre ter muita cautela e confirmação junto aos búzios sobre sua interpretação. Os recados devem ser interpretados conforme cada situação, pois um mesmo Odù pode aparecer em um jogo para diferentes tipos de problemas, devendo assim o sacerdote interpretá-lo conforme sua ligação com o problema em questão.

1. ÒKÀNRÀN: Este Odù corresponde, no oráculo dos búzios, a um único búzio aberto. Este Odù é o responsável pela introdução da fala humana e de todos os idiomas existentes em nosso planeta; além do mais, está ligado a todos os sons, barulhos e é considerado o Odù protetor da oratória. Além disso, este é um Odù muito negativo, ligado a acidentes, explosões, guerras, brigas e intensas discussões.

Parte Positiva: Este Odù indica que a pessoa tem vocação religiosa e que o mínimo que ela fizer será o suficiente para solucionar seus problemas; suas ideias e planos serão altamente valorizados e aceitos por quem realmente poderá ajudar. Passará a ser uma pessoa procurada pelos outros por causa do grande reconhecimento de suas ideias e planos. Seus problemas serão solucionados por meio de simples entendimento entre as pessoas envolvidas. Traz consigo o recado de enriquecimento repentino da pessoa, indica virilidade para os homens e forte sexualidade para as mulheres.

Parte Negativa: Este Odù indica fanatismo religioso, fala que a pessoa sofre de complexo de inferioridade e timidez excessiva, fatos que a estão prejudicando em seu meio social. Traz recado de injustiças, ingratidão, abandono, perigo iminente, choro em exagero, inimigos ocultos, novidades negativas, barulho, alvoroço, perigos, roubos, prisões, brigas, discussões, inimizades, separações, perdas, insegurança dúvidas, incerteza, ruínas, enfim, tudo o que for ruim.

2. EJÌOKO ou OYÈKÚ: Este Odù corresponde a dois búzios abertos. Este Odù está ligado à luminosidade e à transparência; traz consigo a representatividade da gravidez, as inchações e, de forma geral, tudo o que é arredondado. É um Odù muito temido pelas mulheres grávidas em razão de seu poder de provocar abortos e partos prematuros. Foi este Odù quem criou as montanhas e é um dos Odù responsáveis pela criação dos gêmeos. É também por intermédio deste Odù que Ọ̀rúnmìlà transmite suas ciências aos sábios para que eles as transmitam aos homens comuns. Também podemos observar que este é um Odù responsável pelos questionamentos e dúvidas de tudo o que existe no mundo natural e sobrenatural. É responsável pelas dúvidas e incertezas.

Parte Positiva: Este Odù indica sinceridade, franqueza, espírito de luta, vitórias, gravidez, término de sofrimento, caminhos abertos, boa união entre duas pessoas (um forte namoro, noivado, casamento ou reconciliação), gravidez, pessoa de bom coração, bons convites e boas surpresas.

Parte Negativa: Este Odù indica dúvidas, inveja, atraso de vida por causa de olho grande, trabalho de feitiçaria feito contra a pessoa, problemas gerados por má interpretação de palavras ou atitudes, melancolia, separação de membros da família, frigidez nas mulheres, impotência sexual nos homens, inimigos ocultos, golpes, brigas intensas, discussões, inimizades, insegurança, incerteza, fofocas, falsidade, pessoas que prometem coisas e não cumprem, gravidez, aborto, parto prematuro, ciúme, crimes, prisões, nervosismo em exagero, envolvimento com bebida e jogo, adultério e casos na Justiça difíceis de ser resolvidos.

3. ÉTAÒGÚNDÁ ou ÌWÒRI: Este Odù corresponde a três búzios abertos. É o Odù que rege todos os metais negros e tudo o que é de ferro e o trabalho realizado nas forjas, ocupando-se ainda do arco e da flecha. É também um símbolo muito temido

e perigoso que exige imenso respeito quando aparecer em determinado jogo. Está ligado à noção de corte e de separação, porém a decapitação não faz parte de seu domínio. Este Odù comanda o membro viril, os testículos, a ereção e o esperma. Este Odù sempre traz consigo o recado de muita luta, força, poder, agitação, discussão, grandes vitórias e conquistas.

Parte Positiva: Este Odù indica desmascaramento de pessoas que vêm agindo com falsidade, descoberta de uma traição, vitória sobre inimigos, guerra ou disputa em que a vitória está assegurada, muito vigor físico, virilidade, sobrevivência de uma situação de extremo perigo, caminhos totalmente abertos, triunfos, vitórias, conquistas, viagens, retorno positivo de projetos que tiver em mente.

Parte Negativa: Este Odù indica violência imposta ou sofrida, corrupção moral, uso de drogas e alcoolismo, falta de escrúpu-los, guerras com péssimos resultados para a pessoa, disputas acirradas que levam a desenlaces violentos, acidentes, possibilidade de morte violenta, agressões físicas e morais, perigo de acidentes em viagens, inversões e perversões sexuais, possibilidade de morte por envenenamento, conduta imoral, traição, confusões, brigas, intrigas, separações, possibilidade de falência de uma empresa ou fechamento de um determinado negócio, decepções, separação amorosa, nervosismo exagerado, inquietude, irritação, conflitos profissionais, pessoa sem sorte no amor, pessoa má, perturbações, possibilidade de morte na família ou mesmo da pessoa, sonhos que nunca se realizam, existência de feitiço feito contra a pessoa com influência de Èsù.

4. ÌROSÙN: Este Odù corresponde a quatro búzios abertos. Este Odù expressa a ideia de maldade, miséria e sangue. Foi este Odù quem criou as covas e sepulturas; é este Odù quem rege todos os buracos da Terra, sendo esta sua mais importante atribuição. Este Odù comanda todos os metais vermelhos, como, por exemplo, o cobre, o bronze e o ouro; está também muito ligado ao sangue, principalmente o humano. Prenuncia

acidentes, miséria, fraudes, sofrimento; ambição e impetuosidade; pequenas vitórias, aquisições de pouca importância, satisfação com poucas coisas. Este Odù fala do bem e do mal com a mesma intensidade.

Parte Positiva: Este Odù indica vitória pelo esforço desprendido, conformação, novos trabalhos que surgirão, início de um novo negócio, peregrinação religiosa, conquistas de bens de pouco valor, mas que irão trazer grande satisfação, sorte no jogo, obtenção de recursos suficientes para satisfazer as necessidades impostas pela sua vida, pessoa de grande vontade própria e sabedoria, possível mudança profissional para melhor; a pessoa possui grande proteção espiritual, irá conquistar um alívio para seus problemas, resolução dos problemas familiares mais suaves, mudanças em todos os sentidos para melhor, caminhos abertos com a proteção de Ògún.

Parte Negativa: Este Odù indica ofensas, calúnias, perigo de acidentes e derramamento de sangue; o consulente deve evitar uma determinada pessoa que é perigosa e faladeira; notícias ruins, doenças que surgirão para familiares, miséria, os recursos existentes para a solução dos problemas são insuficientes, a pessoa tem falsos amigos e não sabe ou só desconfia, indecisão em extremo, pessoa que está passando por problemas financeiros e familiares, confusão, roubos, perdas, possibilidade de doença perigosa que pode levar à morte, teimosia; o consulente não sabe lidar com as novidades, prejudicando-se com elas, deve tomar cuidado com acidentes de trânsito, pessoa vive cercada de falsos amigos, inclusive dentro de casa. Se em determinado jogo aparecer este Odù e, em seguida, aparecer òdí e òfún, a pessoa deve tomar e̲bo̲ imediatamente para tirar as influências negativas de Égúngún.

5. ÒS̲É: Este Odù corresponde a cinco búzios abertos. Comanda tudo o que for quebradiço, quebrado, mal cheiroso, decomposto e putrefato. Todas as articulações provêm deste Odù. Este Odù é a própria representação de quase todas as doenças existentes,

tornando-se assim um Odù muitíssimo perigoso. Foi este Odù que ensinou aos homens o hábito de grelhar os alimentos; foi este Odù que criou as árvores, as presas dos elefantes e a galinha-d'angola. Apesar de ser um signo de péssimos augúrios, é também um signo de riqueza e longevidade.

Parte Positiva: Este Odù indica a recuperação de coisas perdidas, enriquecimento súbito e repentino, cura de uma doença, alta capacidade e engenhosidade da pessoa, criatividade; a pessoa deve seguir sua intuição e possui boa inspiração; pessoa que gosta dos prazeres da vida, muito amorosa e/ou que tem muitos amores; indica fim de sofrimento amoroso, início de relacionamento, prosperidade, fertilidade, possível nascimento de criança com grande proteção de O̱sun; pessoa que possui poder de liderança e equilíbrio material, de mediunidade forte, vaidosa, grande força para a feitiçaria.

Parte Negativa: Este Odù indica perdas de todos os tipos, desperdícios, evasão de energias físicas, desgaste físico, falsidade, cirurgias e doenças (principalmente na barriga, ovários e útero), morte ocasionada por doença, traição, choros e prantos, desequilíbrio afetivo, perseguição, problemas amorosos, distúrbios sexuais, autoritarismo em exagero e que está prejudicando a pessoa, inveja; a pessoa não deve se deixar levar por opinião alheia.

6. OBÀRÀ: Este Odù corresponde a seis búzios abertos. Exprime a força, o poder e a possibilidade de realização humana. Este Odù criou o ar e os ventos, e dele depende a existência dos bosques, das forquilhas e todos os tipos de bifurcações. Foi através deste Odù que surgiu a riqueza, a necessidade de as pessoas usarem joias, os mestres de ensino, o adultério e o costume do ser humano de mentir. Prenuncia expansão física e moral, regularização, alegria, ambição, questões relacionadas a dinheiro, processos em andamento. É um Odù muito positivo, muito embora seu aspecto negativo seja fatal, como a loucura, traição, perdas, calúnia, miséria, etc.

Parte Positiva: Este Odù indica aquisição de bens materiais de um modo geral, fim de um obstáculo, expansão física e moral, ausência de enfermidades, evolução espiritual e psíquica, grande proteção espiritual, pessoa possui espírito de luta, pessoa receberá auxílio inesperado, mudança de situação para melhor, possui grandes ideias, prosperidade nos negócios, riqueza, progresso em todos os sentidos, felicidade, renascimento pessoal, equilíbrio.

Parte Negativa: Este Odù indica deslealdade, imoralidade, orgulho nocivo, injustiças, adultério, maldade, libertinagem, brigas entre a família de santo, infecções no sangue, problemas circulatórios, desnutrição, problemas respiratórios, mania de grandeza, loucura, orgulho em excesso, pessoa vítima de calúnia, perdas na Justiça, rompimentos amorosos, grandes ideias sem realização, problemas em sua residência, fofocas, problemas com terras, roubos, inveja, acomodação, feitiço para prejudicar a pessoa, a pessoa nunca se contenta com o que tem, necessidade de calma, fracasso por não pedir ajuda, insatisfação, angústia, teimosia; se a pessoa estiver doente, dificilmente ficará boa.

7. ODÍ: Este Odù corresponde a sete búzios abertos. Foi através dele que apareceram na Terra as mulheres, os rios, cujas margens têm a aparência de lábios; apareceram as nádegas e o costume de nos sentarmos sobre elas. Este Odù ensinou aos homens o costume de se deitarem indiferentemente virados para a direita ou para a esquerda. Este Odù indica aprisionamento, possessões demoníacas, prejuízos de toda ordem, roubo, sequelas advindas de acidentes ou de enfermidades. É portador, quase sempre, de recados ruins, e quando apresenta recados positivos, deve-se tomar muito cuidado com sua interpretação. É um Odù malvado e representa quase sempre caminhos fechados.

Parte Positiva: Este Odù indica sorte em todos os sentidos, principalmente nos jogos, porém esta sorte não é duradoura, devendo ser aproveitada ao máximo e tratar de Ès̱ù e do Odù;

melhora repentina de vida, devendo tomar cuidado para não perder essa melhora novamente; a pessoa deve realmente insistir no que deseja; riqueza, conquista de herança e resultados de pendências chegam com mais agilidade.

Parte Negativa: Este Odù indica prisão, condenação, roubo, prejuízos, sequelas advindas de acidentes, abandono, traição, possessão de maus espíritos, mulher de maus hábitos e vida sexual confusa, homossexualismo, caminhos fechados, imobilidade ou dificuldade de ação, fracasso no amor, perturbações, pessoa que necessita de orientações, pessoa sem sorte, pessoa ligada a Àbìkú, fofocas, insucesso, herança difícil de receber, desgostos, falsidade, inveja, vingança, antipatia, difamações, adultério, morte. Tomar e̲bo̲ do Odù e tratar Ès̲ù e, em alguns casos, deve-se tomar e̲bo̲ de Égúngún ou, se a pessoa for Àbìkú, deve-se fazer os trabalhos determinados para fazer com que ela permaneça na Terra.

8. EJIONÍLE ou EJÍOGBE: Este Odù corresponde a oito búzios abertos. Este é o pai dos demais Odù, ou seja, é o mais velho de todos. Sua principal função é proteger nosso mundo, suprindo-o em todas as suas necessidades e cuidando de sua permanente renovação. É o senhor do dia e de tudo o que acontece durante ele; é o responsável pelo movimento de rotação, que provoca, depois de cada noite, o surgimento de um novo dia. Controla os rios, as chuvas, os mares e as cabeças humana e dos animais.

Parte Positiva: Este Odù indica independência, determinação, caminho aberto e que deve ser seguido, vitória sobre os inimigos, dedicação em resolver algum problema próprio ou alheio, desenvolvimento intelectual pela vontade de saber, vitórias em problemas de ordem financeira, grande proteção espiritual, início de coisas novas de bons resultados, o encontro do equilíbrio, honestidade, muita intuição do Odù que avisa sobre praticamente tudo; pessoa poderá começar a acumular fortunas; evolução espiritual.

Parte Negativa: Este Odù indica perdição pelo jogo, estupidez, teimosia, irracionalidade, ações impensadas que ocasionam problemas sérios, confusão, agressividade, fúria incontrolada, casos judiciais difíceis de serem resolvidos, uma aventura que terá final desastroso, falta de escrúpulos, adultério por parte do cliente, anemias, problemas no estômago, garganta e ventre, loucura pela excessiva imaginação, problemas na coluna ver-tebral, problemas psicológicos, acidentes, pessoas geniosas, vingança, fofocas, furto.

9. OSÁ: Este Odù corresponde a nove búzios abertos. Ele representa o poder de feitiçaria feminino, numa referência inequívoca à sua ligação com práticas de feitiçaria, nas quais as mulheres se destacam por sua dotação natural, inerente à sua condição de procriar, transformando um espermatozoide microscópico em um ser humano. A este Odù são atribuídos todos os animais ligados à feitiçaria. Este Odù comanda o san-gue, a abertura dos olhos e todos os órgãos internos do corpo.

Parte Positiva: Este Odù indica elevação e evolução espiritual, poderes mediúnicos ou parapsicólogos, vitória para alcançar seus objetivos, progresso, ideias inteligentes, harmonia com Òrìṣà, grande proteção de Òṣàlà e Sàngó, força de vontade para vencer, prosperidade; em alguns casos a pessoa deve se tornar individualista para resolver seus problemas, porém nunca deve se afastar da família.

Parte Negativa: este odù indica feitiçaria, aborto, quebra de um tabu, trabalho feito, problema de coluna, doenças do sangue, menstruação excessiva, hemorragias de todas as origens, indica na primeira queda a presença negativa de Égúngún (tomar ebo), lágrimas pela não realização de um projeto, más notícias, teimosia, autoritarismo, perturbações, pessoa pode ser incrédula, problemas entre mãe e filho, inveja.

10. OFÚN: Este Odù corresponde a dez búzios abertos. Ele é o portador dos mistérios e, em decorrência disso, todos os segredos e mistérios são regidos por ele que, por exemplo, conhecendo o segredo da morte tem o poder de ressuscitar os mortos. Este Odù é o responsável por toda a criação, só não tendo domínio sobre o ar, que, após ter criado, concedeu a Ejíogbè que passou a dominar até então o ar. Depois de ter concedido poderes a Ejíogbè, este Odù engendrou os demais Odù, possuindo assim o mundo, onde cada Odù simboliza uma parte do mundo natural e sobrenatural, sempre sob as ordens e leis estabelecidas por Òfún.

Parte Positiva: Este Odù indica aquisição financeira, riqueza, longevidade, aumento de recursos materiais, aumento de energias físicas e espirituais, credibilidade, segurança, sucesso; pessoa passará a adquirir *status* na sociedade em que mais convive, ascensão social, recuperação de algo que perdeu, nascimento, união amorosa, poder e força espiritual, benevolência, calma, paz, tranquilidade, evolução espiritual, pessoas pensativas.

Parte Negativa: Este Odù indica avareza, obsessão em acumular riqueza, traição, desmoralização, perda de respeito público, problemas circulatórios, obesidade, abortos; pessoa precisa de orientação para fatos existentes e que aparecerão em sua vida; doenças na região da barriga, ciúmes, teimosia, dores de cabeça, fatos ruins aparecerão, dificuldades surgirão, se já não existirem na vida da pessoa, surpresas ruins; precisa ter calma para conseguir alcançar o objetivo desejado. Se este Odù cair três vezes seguidas ou junto do Odù Ìrosùn, a pessoa tem que tomar e̲bo̲ de Égúngún para tirar toda a influência dos mortos neste Odù presente que está prejudicando a pessoa.

11. ÒWÓNRÍN: Este Odù corresponde a 11 búzios abertos. Ele está ligado a inúmeras doenças da região do abdômen. Este Odù é o assistente direto de Íkú, pois durante a noite a morte é de Oyèkù, e é de Ejíogbè a vida, durante o dia. Ele é o responsável pela criação das cores, transmite sempre a ideia de colorido, estampado. É o responsável pela introdução em nosso mundo das rochas e montanhas, também pela introdução das mãos e dos pés nos seres humanos.

Parte Positiva: Este Odù indica nobreza em atitudes, uma grande decisão que leva a um bom resultado, planos que darão certo, um bom empreendimento, proteção espiritual, receberá ajuda de terceiros, fortuna, riqueza, vitórias sobre inimigos, prosperidade, lutas com excelentes resultados, bons resultados quanto a cirurgias, boas surpresas, pessoa tem grande sorte, só que não sabe tirar proveito disso.

Parte Negativa: Este Odù indica acidentes fatais, morte súbita ou prematura, vida curta, hipertensão, congestões, traz consigo recados negativos quanto a qualquer tipo de doença, más influências, frieza sexual, perdas, dificuldades para realização de ideias, surpresas negativas de qualquer gênero, pessoas volúveis, perseguição de Égúngún, feitiços ligados a Égúngún e/ou cemitério, intrigas, suicídio, pesadelos, aborto, acidentes. Tomar diversos ebo, entre eles, o deste Odù, um de Égúngún, tomar borí e obi, tomar banho de ervas, etc.

12. EJÍLÀSEGBORA ou ÀTÚRÁ: Este Odù corresponde a 12 búzios abertos. Foi por intermédio dele que o ser humano aprendeu o costume de comer carne. Este Odù expressa a ideia de troca, de relação entre dois seres ou duas coisas; refere-se a tudo o que diz respeito a união, casamento, contratos, pactos, acordos, compromissos, etc. Ainda, exprime a ideia de tudo que entra em contato, não só por associação, como também por oposição, ou seja, o confronto de dois homens, dois exércitos em luta, desde que ocorra um contato bem próximo, corpo a corpo, assim como uma união sexual.

Parte Positiva: Este Odù indica vitórias em todos os sentidos, situação de desespero que chega ao fim sendo superada só com muito esforço, fortalecimento e evolução espiritual, inteligência, a possibilidade de um relacionamento de amizade se transformar em um namoro ou romance, vitória em qualquer tipo de disputa, casamento, união amorosa, contratos bem-sucedidos, progressos, principalmente na área profissional, problemas na Justiça se resolverão com resultado positivo; este Odù, quando aparecer em um jogo para uma pessoa, estará sempre indicando que precisa fazer algum agrado para a cabeça, podendo ser um simples ritual, como o de oferecer um obi à cabeça, ou até mesmo um borì completo e uma iniciação ao culto de Òrìsà, precisando o sacerdote apurar e interpretar a situação do jogo.

Parte Negativa: Este Odù indica uma troca ruim que trará maus resultados; a pessoa possui um inimigo difícil de ser der-rotado; derrotas, perdas, todo o tipo de associação prejudicial, compromissos de qualquer gênero que não serão bem-sucedi-dos, desespero, perdas na Justiça, distúrbios nervosos, loucura total, aflições, dores de cabeça, falsidade, calúnia, muita fo-foca, difamação da imagem da pessoa, perdas em negócios, prejuízos, a pessoa pode vir a perder tudo o que tem de bens materiais, frustrações, brigas. Tanto na parte positiva como na negativa, este Odù indica que a pessoa precisa fazer agrado para a cabeça, só que agora muito mais urgente e completo, podendo ser um obi junto de bori, ou uma iniciação de Òrìṣà, ou os três, devendo o sacerdote apurar melhor o jogo.

13. EJÍOLOGBQN ou OTÚRÚPON: Este Odù corresponde a 13 búzios abertos. Indica a saturação total, o esgotamento de todas as possibilidades de acrescentar-se algo, o fim de um ciclo, a morte. Através deste Odù foram introduzidos na Terra os pei-xes, o couro do crocodilo, o focinho do hipopótamo, o chifre do rinoceronte, todos os animais de pelo e penas que possuem hábitos noturnos. Além disso, ele representa tudo o que é neutro, ineficiente, fatal, o conformismo, a coisa comum e tudo o que é próprio do indivíduo sem importância; é o declínio do Sol, o fim do dia, o fim de uma etapa, a noite que se aproxima.

Parte Positiva: este Odù indica nobreza em atitudes, uma grande decisão que leva a um bom resultado, planos que darão certo, um bom empreendimento, proteção espiritual, receberá ajuda de terceiros, fortuna, riqueza, vitórias sobre inimigos, prosperidade, lutas com excelentes resultados, bons resultados quanto a cirurgias, boas surpresas, a pessoa tem grande sorte só que não sabe tirar proveito disso.

Parte Negativa: Este Odù indica ineficiência, incapacidade de tomar decisões, perigo de morte do cliente ou de pessoa próxima a ele, notícia ruim que está para chegar, rompimento definitivo de qualquer tipo de relação, fim de uma situação agradável, esgotamento de possibilidade e de recursos, problemas de saúde, todo e qualquer tipo de doença, principalmente no estômago, aparelho digestivo, bexiga e útero; ainda, indica perturbações emocionais e/ou psíquicas, obsessões, alucinações fantasmagóricas, pessoa sem sorte no amor, problemas familiares, pessoa que está sofrendo ou fazendo vingança trazendo-lhe assim influências negativas, perseguição, pessoa com problemas com o Òrìṣà. A pessoa precisa urgente tomar diversos ebo; cabe ao sacerdote verificar quais. A pessoa precisa tratar seus Odù, seu Òrìṣà e, principalmente, tomar ebo contra influências negativas de Égúngún.

14. IKÁ: Este Odù corresponde a 14 búzios abertos. Este é o Odù que criou a piedade no nosso mundo e é tido como o Odù que provoca os abortos ou falsa gravidez; provoca os abortos sempre acompanhado de hemorragias incontroláveis, o que pode ser evitado com determinados ebo para este Odù. Se este Odù aparecer para uma mulher, poderá estar indicando gravidez ou falsa gravidez, aborto ou o nascimento de gêmeos. Além disso, este Odù exprime a ideia de algo que esteja para explodir, em todos os sentidos, podendo ser desde uma bomba, uma granada, uma briga incontrolável, uma greve, uma situação insustentável.

Parte Positiva: Este Odù indica vitórias arrasadoras sobre os inimigos, controle sobre uma situação tumultuada, coragem para enfrentar qualquer tipo de problema com obtenção de resultados positivos, sorte no amor, conquista amorosa, início de novas situações positivas, forte espiritualidade, desembaraço de documentação, recebimento de dinheiro de origens inesperadas.

Parte Negativa: Este Odù indica tumultos, envolvimento negativo com a polícia, pessoa com inimigos declarados e perigosos, crimes sexuais, violência, agressões impostas ou sofridas, revoltas, problemas com filho ou filha, caso a pessoa os tenha, impotência, frigidez, atrofias, interrupção de fluxo sanguíneo ou menstrual, hemorragias, adultério, estelionato, perdas; a pessoa tem ou terá intuição sobre coisas ruins que estejam para acontecer, confusões, desunião, maldade, vingança, falsidade; a pessoa tem "amigos" que estão ligados aos seus inimigos.

15. OGBEÒGÚNDÁ ou ÒGÚNDÁ: Este Odù corresponde a 15 búzios abertos. Este Odù domina tudo o que está morto e tudo o que está enterrado, porém a morte não faz parte de seus domínios. Este Odù trouxe para a Terra os furúnculos, a varíola, as febres, as

epidemias. Ele ainda influencia o corpo humano, provocando atividade excessiva das funções fisiológicas e da vida celular, ocasionando febres, irritações e enfermidades inflamatórias. É uma figura muito negativa, que responde quase sempre não e, na maioria das vezes, anuncia tempos ruins. As crises agudas, traumatismos, ferimentos causados por acidentes, hematomas e pancadas também são causados por sua atuação.

Parte Positiva: Este Odù indica que a pessoa tem um amor que está sendo correspondido, indica que a pessoa tem ou terá em breve o domínio absoluto de uma situação, indica que o consulente é ou será uma pessoa de influência e de respeito no meio social, recebendo auxílio poderoso de pessoas importantes, indica muito dinamismo, negócios em ascensão, sucesso, fama, aumento dos ganhos financeiros.

Parte Negativa: Este Odù indica falta de juízo, atitudes egoístas, indisciplina, uma aventura que terá um fim desastroso, violência, ciúmes, cólera incontrolável, violência sexual; estupro, atrofia muscular, inflamações, febres, varíola, separações, intrigas, perda de dinheiro, perda de propriedades, roubo, incêndio, trabalho feito por causa de brigas, intrigas e ciúmes, problemas sérios na Justiça, ilusão, crimes.

16. ÌRÈTÈ OU ALÁFIA: Este Odù corresponde a 16 búzios abertos e é considerado o Odù mais difícil de aparecer em um jogo. Deve-se tomar muito cuidado na interpretação deste Odù, embora ele seja um Odù que normalmente traz respostas boas e positivas. Quando ligado a Odù negativos e/ou respondendo de maneira negativa, pode vir a ser fatal para a pessoa a quem estiver endereçada a resposta, sendo este também um dos Odù mais respeitados pelos yorubás. É um Odù muito bom, sempre pronto a ajudar, e que responde afirmativamente, embora prenunciando tempo variável. Este Odù é quem rege a raça humana, a palavra, a cegueira, as disputas, os esquilos, os caramujos, a tartaruga terrestre e os animais inofensivos.

Parte Positiva: Este Odù indica vocação artística, sinceridade e fidelidade no amor, amor correspondido, sabedoria, conquista de alguma coisa, prazeres, acolhimento afetuoso, sinceridade, bondade, caridade, responde que a pessoa para quem apareceu é uma pessoa boa, que ajuda aos demais e que terá tudo o que desejar, sem problemas, ou seja, é a resposta mais positiva que pode vir a aparecer no jogo de búzios, devendo ser saudado com muita alegria e respeito. É a verdadeira paz, tanto espiritual como material, são os caminhos totalmente abertos.

Parte Negativa: Este Odù indica que a pessoa deve dominar melhor os seus instintos, ou seja, as necessidades físicas estão dominando e induzindo a pessoa ao erro, falta de determinação para dizer não, pessoa de caráter dúbio, de duas ou mais caras, sem palavra; perda de tudo o que tem, doenças sérias. Desta forma, este Odù fala de problemas de soluções muito difíceis ou ainda quase impossíveis; se ele aparecer negativamente junto dos Odù de número 13, 14 e 15, traz recado de morte para o consulente ou para alguém ligado a ele, e se tiver alguém que já esteja doente, este alguém dificilmente sobreviverá.

Os Òrìṣà que Respondem nos Odù

Cada Odù tem seus determinados Òrìṣà que respondem; seja para a solução de um problema, para um simples conselho ou simples recado, todo Odù sempre terá um Òrìṣà que se apresentará para o consulente. A seguir, temos os principais Òrìṣà que falam nos Odù do oráculo dos búzios. Deve-se obedecer a ordem apresentada, quanto à prioridade do Òrìṣà que estará respondendo no Odù, ou seja, aparecendo o Odù Òkànràn, deve-se perguntar se é Èṣù quem está falando; caso não seja, pergunta-se se é Òya, e assim sucessivamente. Pode ocorrer de nenhum Òrìṣà responder, aí quem estará falando diretamente é o próprio Odù, sem intermediários. Não devemos nos esquecer de que Èṣù, Ifá e Òrúnmìlà falam em todos os Odù.

1. OKÀNRÀN: Èṣù, Òya, Sàngó, Oràníyàn.
2. EJIOKO ou OYEKÚ: Ibeji, Ògún, Olókun.
3. ÉTAOGÚNDÁ ou IWORI: Ògún, Obalúàiyé, Èṣù e todos os Jagun (guerreiros).
4. IROSUN: Yiemọnjá, Sàngó, Ògún, Odẹ́, Ègúngún.
5. OSẸ́: Oṣun, Òrì, Yiemọnjá, Lògún Èdẹ̀.
6. OBÀRÀ: Sàngó, Òdẹ̀, Lògún Èdẹ̀, Òya, Àbìkú, Òsàlà e todos Òrìṣà funfun.
7. ODÍ: Èṣù, Àbìkú, Òmọlu, Oṣun Òpará, Òsàlufòn.
8. EJIONÍLE ou EJÍOGBE: Osàgian, todos os Jagun, Òya, Odé, Oṣun.
9. OSÁ: Oya, Àjẹ̀ (Iyámi Osoronga), Égúngún e todas as Iyabá, Oníle, Oluàyié, Olosa.

10. OFÚN: Òsàlufòn e todos os Òrìsà funfun.
11. OWÓNRÍN: Òya, Égúngún, Ajè (Iyámi Osoronga), Èsù, Onílè, Oluàyié.
12. EJÍLÀSEGBORA ou OTÚRÁ: Sàngó e Ibeji.
13. EJÍOLOGBQN ou OTÚRÚPON: Nàná, Oluàyié, Égúngún.
14. IKÁ: Òsùmàrè, Osànyín, Ewá.
15. OGBEOGÜNDÁ ou OGÚNDÁ: Ògún, Obá, todos os Jagun, Òsàlà.
16. IRETE ou ALÁFIA: Òrúnmìlà e todos os Òrìsà funfun.

O Jogo de Obì e de Quatro Búzios

Iremos relatar a maneira mais simples e básica de se trabalhar com o obì (noz de cola) como ferramenta de interpretação dos Odù, o mesmo valendo para o sistema que chamamos de jogo com quatro búzios, que nada mais é do que uma pequena introdução ao jogo com os 16 búzios.

Tanto o jogo de obi quanto o de quatro búzios utilizam-se dos mesmos quatro Odù para responder ao sacerdote a pergunta efetuada. Esses quatro Odù possuem um caráter direto e muito breve, e são utilizados unicamente para a obtenção de respostas positivas (sim) ou negativas (não). São eles:

- ALAFIA: Corresponde a quatro búzios abertos, trazendo recado de paz, de que está tudo bem, de prosperidade, de aceitação, de caminhos abertos, ou seja, seria um sim, sem nenhuma dúvida.
- E̱TAWA: Corresponde a três búzios abertos e um búzio fechado, trazendo um recado bem favorável para um sim, devendo se jogar novamente em alguns casos: se cair três vezes seguidas, deve-se considerar como sendo ALAFIA.
- ÉJÌALÁKETU: Corresponde a dois búzios abertos e dois búzios fechados, trazendo recado de dúvida quanto à resposta a ser dada, devendo, sempre que surgir esta resposta, jogar novamente para melhor confirmação; porém, se permanecer durante três jogadas consecutivas, deve-se considerar uma resposta positiva, ou seja, um sim.

- ÒKÀNRÀN: Corresponde a um búzio aberto e três búzios fechados, trazendo recado desfavorável quanto à pergunta feita a Ifá, podendo ser considerado um não.
- OYÈKÚ: Corresponde a quatro búzios fechados, trazendo um recado de total negação quanto à pergunta feita; podemos ainda dizer que seria um não absoluto.

As cinco quedas vistas são normalmente utilizadas em perguntas para as quais se deseja obter uma resposta direta, positiva ou negativa, e são muito usadas quando se faz qualquer tipo de obrigação para algum determinado Òrìsà, para consultar se este aceitou o agrado feito ou não.

No caso do obì, devemos obviamente considerar um obì dividido em quatro partes, que pode ser utilizado para o que foi mencionado anteriormente, como também para a interpretação dos 16 principais Odù, onde se deve cortar quatro obì em quatro partes e jogar um obi por vez.

Mas o jogo de obì é mais utilizado em cerimônias de egborì, iniciação em culto, seja ele qual for, de agrado a cabeça através do obì e de aceitação de um determinado agrado. O obì, em alguns casos, pode também ser substituído pelo orobo (um tipo de semente normalmente dada a Sàngó).

Quando o jogo é feito com o obì, devemos sempre jogá-lo sobre a terra umedecida com água ou ainda num prato branco com um pouco de água dentro. O obì utilizado pode ser o branco ou o vermelho, dependendo da necessidade.

Agora, iremos demonstrar uma das rezas que pode ser feita antes e durante o jogo de obì:

OBÌ O ÒRISÀ (o obì que está sendo usado pertence ao Òrìsà em questão):

OBÌ O ÒRÌSÀLÁ (o obì que está sendo usado pertence à Òrìsàlá)

Os Ebo de Cada Odù

Os Ebo são oferendas feitas para os Odùs, Divindades ou energias, sendo cada um para uma determinada finalidade, dependendo da situação que está em questão. Os Ebo servem para apaziguar uma determinada situação ou problema, para agradecer a uma Divindade ou Odù alguma graça alcançada, ou simplesmente para cultuar aquela Divindade ou Odù. Nos Ebo não é obrigado que aconteça matança de animais, como muita gente pensa, muitos deles realmente utilizam de animais, sim, mas não todos. Cada situação exprime a necessidade de um Ebo diferente, mesmo que o Odù seja o mesmo, pois cabe ao sacerdote saber interpretar as diferenças das situações e aplicá-las na confecção dos Ebo; dificilmente um sacerdote conseguirá solucionar um problema ou vários problemas de uma pessoa com um único Ebo, por mais simples que seja. Lembre-se, sempre que for oferecer um determinado Ebo para uma determinada Divindade ou Òrìsà, devemos antes invocar aquele Òrìsà.

O Ebo nada mais é do que a restituição do àse da pessoa; ele é quem auxilia a pessoa a encontrar o seu equilíbrio, a paz, a tranquilidade, a solução de seus problemas.

A seguir, iremos descrever alguns Ebo básicos para cada um dos Odùs do Oráculo dos Búzios, porém informamos que cada caso é um caso, nenhum Ebo vai ou deve ser igual a outro, mesmo que seja o mesmo Odù. Ao fazer um Ebo use sua criatividade, sua intuição, sua sabedoria e seu Jogo de Búzios para confirmar tudo antes de fazer.

1. ÒKÀNRÀN: Sete folhas de mamona com talo, ìpadé de mel (farinha de mandioca crua com mel), ìpadé de azeite

de dendê, ìpadé de cachaça, sete àkàsà (farinha de milho amarela "neste caso, cozida" e enrolada na folha da bananeira), sete velas brancas, um frango branco. Deve-se invocar Èṣù e Odù; feito isto, coloque as folhas formando duas fileiras de três folhas com um espaço no meio para a pessoa ficar, e, em frente a elas, coloque a última folha. Todas as folhas devem ser colocadas sem os talos, que devem ser cortados e deixados ao lado das correspondentes folhas. Coloque em frente a cada folha uma vela branca acesa e dentro delas coloque um pouco de cada ìpadé; coloque um àkàsà em cada folha, sendo que, na sétima folha, ou seja, a folha que está em frente à pessoa, o àkàsà deve ficar aberto. Pegue cada um desses pacotes formado por cada folha contida de cada ìpadé com àkàsà e passe na pessoa; em seguida bata cada talo das folhas de mamona no corpo da pessoa e, por último, passe as velas na pessoa. Junte tudo e vá fazer a entrega. O Ẹbọ deve ser entregue junto do consulente; o sacerdote irá percorrer sete encruzilhadas e, em cada uma, irá deixar uma folha com seu respectivo talo, e o consulente irá fazer seus pedidos em cada folha. Na volta ao terreiro, a pessoa pode tomar banho de ervas.

2. EJÌOKO ou OYÈKÚ: 500 gramas de milho de canjica branca, 16 àkàsà de farinha de milho branca enrolados na folha de bananeira, feijão preto frito no azeite de dendê, um inhame grande cozido, dois alguidares. Deve-se invocar Ògún e Odù; feito isto, monta-se dois pratos, um com a canjica e os 16 àkàsà e outro com feijão preto frito dentro do alguidar e, sobre este, coloca-se o inhame cozido cortado ao meio e oferece-se para Ògún. Passe os ingredientes do primeiro prato no corpo da pessoa e vai colocando dentro do alguidar, deixando por último os àkàsà. Despache no pé de uma mangueira ou de uma palmeira; o consulente não precisa ir junto, mas pode ir, caso queira. Na volta ao terreiro dê um banho no consulente com a água da canjica.

3. ÉTAÒGÚNDÁ ou ÌWÒRI: Milho de canjica branca e amarela, cozidos separadamente, pipoca frita no azeite de dendê, três ovos, três àkàsà de farinha de milho branca, feijão fradinho cozido, três bolinhos feitos com farinha de mandioca crua com água, ervilha cozida, feijão preto frito no azeite de dendê, um inhame grande cozido, dois alguidares. Deve-se invocar o Odù e Ògún e verificar no jogo se há necessidade de se tratar Èṣù ou não; em caso de doenças, se há necessidade de tratar Oluàyié. Passa-se todos os ingredientes no corpo da pessoa, com exceção do feijão preto frito no dendê e no inhame, e vai colocando dentro do alguidar, deixando por último os bolinhos de farinha, os ovos e os àkàsà. Depois, coloca-se no segundo alguidar o feijão preto e, sobre ele, o inhame cozido cortado ao meio e oferece para Ògún. Despache tudo no pé de uma mangueira, ou palmeira, ou em água corrente, caso tenha agrado para Èṣù, despachá-lo em uma encruzilhada, e, caso tenha agrado para Oluàyié, despachá-lo em local que tenha bastante terra. O consulente pode ir junto, caso queira, mas não é obrigado. Na volta ao terreiro pode dar banho de ervas ou de água de canjica no consulente.

4. ÌROSÙN: Quatro rosas brancas, flores brancas à vontade, um peixe assado e enrolado na folha de bananeira, feijão preto frito no azeite de dendê, um inhame grande cozido, um alguidar, um prato branco. Deve-se invocar o Odù, Iemọnjá e Ògún. Coloque o peixe no prato branco, passe o peixe, as rosas e as flores no corpo da pessoa e ofereça para o Odù e para Iemọnjá. Coloque o feijão preto dentro do alguidar e, sobre ele, o inhame cozido e cortado ao meio e ofereça a Ògún. Despache o peixe e as flores em água corrente, e o feijão preto no pé de uma mangueira ou palmeira; o consulente não é obrigado a estar junto, mas, caso queira, pode ir. Na volta ao terreiro, dê banho de ervas no consulente.

5. Ò$\underline{S}$É: Oferecer qualquer presente para O$\underline{s}$un, inclusive cinco ovos e passar tudo no corpo da pessoa. Deve-se invocar O$\underline{s}$un e Odù. Despacha-se tudo em água corrente ou cachoeira; o consulente pode ir junto, caso queira. Na volta ao terreiro, dê banho de ervas no consulente e de água da cachoeira.
6. ÒBÀRÀ: Uma moranga, alpiste, grão-de-bico, vinho moscatel, mel, seis moedas, seis àkàsà com farinha de milho branca, quiabo cozido e cortado em pequenos pedaços, açúcar. Cozinhe a moranga, abra-a cortando somente a tampa, limpe-a deixando-a sem nada por dentro, coloque primeiro o alpiste, depois o grão-de-bico, o vinho moscatel, o mel, as moedas e os àkàsà dentro da moranga. Leve-a a um morro bem alto junto do consulente; mantendo-a aberta, invoque o Odù e ofereça aquele agrado para ele. Coloque a moranga no alto do morro nos pés do consulente e diga para ele fazer seus pedidos dentro da moranga. Na volta ao terreiro, bata o quiabo cozido com água e açúcar, adicione um pouco mais de água e dê para o consulente tomar banho.
7. ÒDÍ: Um alguidar, um ninho de passarinho (podendo ser comprado pronto), muitos gravetos, jornal, cachaça. Deve-se invocar o Odù e verificar a necessidade de dar algum agrado para È$\underline{s}$ù. Coloca-se o ninho dentro do alguidar com os gravetos enfiados nele com o jornal e também coloque jornal dentro do ninho; jogue a cachaça e coloque o alguidar atrás do consulente. Em seguida, ponha fogo no ninho e faça com que a fumaça passe pelo consulente. O sacerdote e o consulente, juntos, pedem para que Òdí se afaste dele e, em seguida, chama-se qualquer outro Odù benéfico para ajudar o consulente. Despacha-se tudo no mato; o consulente pode ir junto, caso queira. Na volta ao terreiro, dê banho de ervas no consulente.
8. EJÌONÍLE ou EJÍOGBÈ: Uma vasilha de louça branca, efun (pó de pemba branco), oito àkàsà de farinha de milho

branca, oito velas brancas, oito bolinhos de arroz cozidos só com água, milho de canjica branca cozido, oito bolinhos de farinha de mandioca crua feitos com água. Deve-se invocar o Odù e Òṣàlá. Passa-se efun dentro da vasilha, depois passa-se todos os ingredientes no corpo do consulente e vai colocando dentro da vasilha; passe-se as velas acesas. Despacha-se tudo no mar, junto do consulente. Na volta ao terreiro, dar banho de água do mar e dê água de canjica, separadamente, no consulente.

9. ÒSÁ: Nove pedaços de cabaça, nove àkàsà de farinha de milho branca, nove àkàsà com farinha de milho branca e azeite doce, um prato branco. Ver no jogo a necessidade de a pessoa tomar Ebọ Ìkú e de dar algum agrado para Òya (sugestão: acarajé). Deve-se invocar o Odù e Òya. Ofereça todos os ingredientes à cabeça da pessoa e, em seguida, passe-os no corpo da pessoa e coloque dentro do prato. Esse Ebọ também pode ser dado a mulheres que estiverem com problemas na gravidez, oferecendo os ingredientes para a cabeça da pessoa, o corpo da pessoa e a barriga da pessoa. Despacha-se tudo em um bambuzal, junto do consulente. Na volta ao terreiro, dar banho de ervas e banho de água de canjica no consulente.

10. ÒFÚN: Dez àkàsà de farinha de milho branca, dez velas brancas, dez bolinhos de farinha de mandioca crua com mel, dez moedas correntes prateadas, dez bolinhos de arroz feito somente com água, milho de canjica branca cozida, efun e uma vasilha de louça branca. Deve-se invocar o Odù e Òṣàlá. Passar efun dentro da vasilha, depois passar todos os ingredientes no corpo da pessoa e, em seguida, colocá-los dentro da vasilha. Despachar no mato ou no pé de uma árvore bem velha; o consulente pode ir junto, caso queira. Na volta ao terreiro, dar banho de água de canjica no consulente. Quase sempre há necessidade de o consulente tomar Obì quando este Odù aparece para resolver seu problema; verificar esta necessidade no jogo, caso seja

confirmada, deve-se ter um Obì branco cortado em quatro partes e oferecê-lo a cabeça da pessoa, fazendo as rezas do Obì e confirmar a aceitação através do jogo de Obì.

11. ÒWÓNRÍN: Ebo Ìkú: feijão branco cozido, 11 àkàsà de farinha de milho branca, milho de canjica branca cozida, farinha de milho branca misturada na água, tipo mingau, azeite de dendê, carvão, um peixe, azeite doce, três pratos brancos. Deve-se invocar Ègúngún.
    1º Prato: coloca-se o feijão branco cozido e os 11 àkàsà dentro do prato branco, desenhando um rosto sobre o feijão com o carvão e o azeite de dendê.
    2º Prato: coloca-se a farinha de milho branca (tipo mingau) e, sobre ela, desenha-se um rosto com o carvão e o azeite de dendê.
    3º Prato: mistura-se o peixe com a canjica e o azeite doce.
    Passe os três pratos no corpo do consulente e despache-os no mato, de preferência em lugar de pouco movimento; o consulente NÃO deve ir junto. Enquanto o sacerdote despacha o Ebo, o consulente pode tomar banho com sabão da costa e, em seguida, pode tomar banho de ervas e/ou de água de canjica.
    OBS: Este é um dos tipos de Ebo Ìkú.
12. EJÍLÀSEGBORA ou ÒTÚRÁ: Dar algum agrado para Sàngó, junto do consulente, mas também deve ser dado Borì (ritual de adoração à cabeça) no consulente.
13. EJÍOLOGBÓN ou ÒTÚRÚPÒN: Pode ser dado Ebo Ìkú e verificar no jogo se há necessidade de algum agrado a Nàná e/ou Oluàyè.
14. ÌKÁ: Feijão fradinho cozido, azeite doce, 14 ovos, sete velas de sete cores diferentes, 14 àkàsà de farinha de milho branca, um alguidar. Deve-se invocar o Odù e Osun. Coloca-se o feijão fradinho cozido dentro do alguidar e rega-se com azeite doce. Em seguida, passa-se no consulente o alguidar com o feijão fradinho regado com azeite doce e todos os demais ingredientes. Despacha-se tudo na cachoeira. Fazer Ebo de preferência em uma cachoeira. Dar banho de ervas e de água da cachoeira no consulente.

15. OGBÈÒGÙNDÁ ou ÒGÙNDÁ: Verificar a necessidade de dar algum agrado a Ògún; dar três banhos durante três dias, um por dia, no consulente, com, no mínimo, 15 tipos de folhas.
16. ÌRÈTÈ ou ALÁFIA: Dar agrados a Òsàlá, podendo usar os mesmos Ebo utilizados nos Odù 8 e 10, porém, é só trocar o número dos ingredientes para 16.

FOLHAS DOS ÒRÌSÀ

Falaremos agora a respeito de um assunto que é essencial, considerado um dos mais importantes dentro do culto aos Òrìsà, que são as folhas. As folhas têm tanta importância no culto pelo simples fato de estarem dentro de todo e qualquer ritual que se pratica dentro do culto aos Òrìsà; é por isso que dizem que Òsányín participa de todas as cerimônias por ser detentor do àse.

Todo sacerdote, seja ele Bàbálòrìsà, Bàbáláwo, tem de ter um grande conhecimento de folhas, pois elas são usadas em banhos, ebo, iniciações, consagrações, nas limpezas em geral; tudo que se faz dentro de um terreiro utiliza folhas.

Mostraremos agora algumas das várias folhas de cada um dos Òrìsà; o básico para que tenhamos alguma noção e um pouco mais de conhecimento no uso das ervas de nossos Òrìsà.

Èsù: Sacomã, cansanção, urtiga, jurubeba-brava, coroa-de-cristo, bredo-de-santo-antônio, folha de mamona, comigo-ninguém-pode, carqueja, folha-da-costa, folha-de-figueira, cana, losna, cominho, caruru, arruda, eucalipto, jaborandi, folha de limoeiro, brinco-de-princesa, etc.

Ògún: Mangueira, bredo-de-santo-antônio, abre-caminho, espada-de-são-jorge, abobrinha-da-mato, aroeira, arruda, urtiga branca, vassourinha, folha de bananeira, folha de palmeira, folha-de-figueira, peregun, folha de coqueiro, etc.

Odé: Camomila, camomila-romana, carnaúba, samambaia, carqueja, erva-doce, saião, alecrim-do-mato, guiné, urucum, pitan ga, folha de fumo, cravo, manacá, avenca, chorão, folhas de todas as árvores frutíferas, capim silvestre, etc.

Òsányín: Todas as folhas existentes na Terra são consagradas a este Òrìs̲à.

Oluàyè: Alfavaca-de-cobra, arnica, carnaúba, cipós de todos os tipos, losna, cana-da-brejo, erva-de-guiné, salsa, quaresmeira, que -bra-pedra, sete-sangrias, chapéu-de-couro, picão, pariparoba, etc.

Òsùmàrè: Babosa, coração-de-jesus, arnica, peregun, trevo de todos os tipos e cores, dinheiro-em-penca, cipó de todos os tipos, paulicéia, canela-de-véio, casca-de-anta, cocália marianinha, etc.

Osun: Alfavaca, amor-perfeito, artemísia, angélica, dinhei -ro-em-penca, alcaçuz, rosa amarela, cidreira, capim-cheiroso, calêndula, cordão-de-frade, malva, louro, fedegoso, fava-de-aridan, dandá-da-costa, folha-da-fortuna, etc.

Sàngó: Picão, folha de jequitibá, folha de jatobá, erva-de-bugre, mangue-vermelho, centáurea maior e menor, jalapa falsa, quebra-pedra, cana, akoko, erva-de-lagarto, casca-doce, maravilha, etc.

Òya: Anis, artemísia, peregun, carrapeta, manjericão, erva-de--santa-maria, folha de amoreira silvestre, arnica, dormideira, poejo, erva-doce, funcho, hera terrestre, folha de fogo, guaco, verônica, etc.

Yemonja: Alfazema, amor-perfeito, angélica, camomila, ca -pim-cheiroso, capim-cidreira, picão-da-praia, colônia, carrapicho comum, flor-da-noite, anis, trevo-cheiroso, lírio branco, orquídea, pariparoba, roseira branca, etc.

Nàná: Folhas de baobá, capim-cheiroso, capim-cidreira, endro, flor-da-noite, jambolão, folha de jaqueira, manacá, quaresmeira, acácia, trigo, quebra-pedra, losna, picão, lírio de todas as qualidades, pariparoba, arnica, carnaúba, cipó de todos os tipos, salsa, sálvia, babosa, casca-de-anta, mamona, perpétua, etc.

Obs: Além de suas próprias ervas, Nàná também utiliza as ervas de todos os Òrìs̲à Jeje.

Os̲àlá: Agrião, alcachofra, erva-cidreira, alecrim, capim-cheiroso, tapete de Os̲àlá (mais conhecido como boldo-do-chile), algodoeiro, cálamo, manjericão, malva-branca, sete-sangrias, urtiga-branca, saião, narciso, palma-branca, lírio branco, cana-do-brejo, etc.

Obs: Podemos utilizar as seguintes folhas.

Akoko, folha-da-costa, folha-da-fortuna, telegungun e saião para todos os Òrìs̲à, sem exceção.

Considerações Básicas sobre Àsé

O àsé é a força que assegura a existência dinâmica, que permite o acontecer e o devir; sem àsé a existência estaria paralisada, desprovida de toda possibilidade de realização. É o princípio que torna possível o processo vital. Como toda força, o àsé é transmissível, é conduzido por meios materiais e simbólicos e acumulável. É uma força que só pode ser adquirida pela introjeção ou por contato. Pode ser transmitida a objetos ou a seres humanos.

Mas essa força não aparece espontaneamente, ela deve ser transmitida. Todo objeto, ser ou lugar somente é consagrado através da aquisição de àse, podendo transmitir-se e aplicar-se para diversas finalidades e ou realizações.

Para compreender melhor: uma vez plantado o àse de um terreiro, ele se expande e se fortifica, combinando as qualidades e as significações de todos os elementos do que é composto, exemplos:

1. O àse de cada Òrìsà plantados nos terreiros, sendo realimentado através das oferendas e da ação ritual, transmitido a seus filhos por intermédio da iniciação e ativado pela conduta individual e ritual;
2. O àse de cada membro do terreiro que soma ao de seu Òrìsà recebido no decorrer da iniciação, o de seu destino individual, o àse que ele acumulará em seu interior, o Inú que ele revitalizará particularmente de diferentes rituais, principalmente ofertando e agradando seu Bara e seu Orì Inú, aos quais se adicionam ainda o àse herdado de seus próprios ancestrais;

3. O àse dos antepassados do terreiro, de seus mortos ilustres cujo poder é acumulado e mantido ritualmente nos assentos.

O àse, como toda força, pode diminuir ou aumentar. Essas variações são determinadas pela atividade e conduta rituais. A conduta está determinada pela observação dos deveres e das obrigações, regidos pela doutrina e prática litúrgica de cada detentor de àse, para consigo mesmo, para com o grupo de Olòrìsà a que pertence e para com o terreiro. O desenvolvimento do àse individual e o de cada grupo impulsiona o àse do terreiro. Quanto mais um terreiro é antigo e ativo, quanto mais as sacerdotisas encarregadas das obrigações rituais apresentam um grau de iniciação elevado, mais poderoso será o àse do terreiro. O conhecimento e o desenvolvimento iniciático estão em função da absorção e da elaboração de àse.

A força do àse é contida e transmitida através de certos elementos materiais, de certas substâncias. O àse contido e transferido por essas substâncias aos seres e aos objetos mantém e renova neles os poderes de realização.

O àse é contido em uma grande variedade de elementos representativos dos reinos animal, vegetal e mineral, quer sejam da água, da terra, da floresta, do mato ou do espaço urbano. O àse é contido nas substâncias essenciais de cada um dos seres, animados ou não, simples ou complexos, que compõem o mundo. Os elementos portadores de àse podem ser agrupados em três categorias:

- ***sangue vermelho***
- ***sangue branco***
- ***sangue preto***

O sangue vermelho compreende e subdivide-se em:

reino animal: corrimento menstrual, sangue humano ou animal;
reino vegetal: o epo (azeite de dendê), o osun pó vermelho, o mel, o sangue das flores, etc.;
reino mineral: o cobre, o bronze, etc.

O sangue branco compreende e subdivide-se em:

reino animal: sêmen, saliva, hálito, secreções, plasma (particularmente o do igbin);
reino vegetal: seiva, sumo, álcool e bebidas extraídas das palmeiras e de alguns vegetais, ìyèrosùn, manteiga vegetal, etc.;
reino mineral: sais, giz, prata, chumbo, etc.

O sangue preto compreende e subdivide-se em:

reino animal: as cinzas dos animais;
reino vegetal: o sumo escuro de certos vegetais (o ìlú), o wájì (pó azul-escuro), etc.;
reino mineral: carvão, ferro, etc.

Toda oferenda, como toda iniciação e toda consagração, implica na transmissão e na revitalização de àṣẹ. Para que este seja verdadeiramente ativo, deve provir da combinação daqueles elementos que permitam uma realização determinada. Tudo o que existe de maneira dinâmica contém os três tipos de sangue condutores de àṣẹ, com predominância de um tipo sobre os outros, dependendo de sua situação e de sua função na estrutura global.

Sendo o àṣẹ uma força que permite serem as coisas, terem elas existências e devir, podemos concluir que tudo o que existe, para poder realizar-se, deve receber àṣẹ; as três categorias de elementos do branco, do vermelho e do preto que, em combinações particulares, conferem o significado funcional às unidades que compõem o sistema.

Receber àṣẹ significa incorporar os elementos simbólicos que representam os princípios vitais e essenciais de tudo o que existe, em uma particular combinação que individualiza e permite uma significação determinada. Trata-se de incorporar tudo o que constitui o àiyé e o ọ̀rún.

O àṣẹ é um poder que se recebe, se compartilha e se distribui através da prática ritual, da experiência mística e iniciática, durante a qual certos elementos simbólicos servem de veículo; é durante a iniciação que o àṣẹ é plantado e transmitido aos noviços.

Todo esse sistema complexo de comunicação e relações é propulsionado pelo àṣẹ que o noviço recebe de seu sacerdote no decorrer da iniciação; a fidelidade e a lealdade aos preceitos e a experiência ritual continuarão desenvolvendo esse poder posto em movimento.

RESUMINDO: recebe-se àṣẹ das mãos e do hálito dos mais antigos, de pessoa a pessoa em uma relação interpessoal dinâmica e viva. Recebe-se através do corpo e em todos os níveis da personalidade, atingindo os planos mais profundos pelo sangue, os frutos, as ervas, as oferendas rituais e pelas palavras pronunciadas. A transmissão de àṣẹ através da iniciação implica na continuação de uma prática, na absorção de uma ordem, de estruturas e da história e devir do grupo como uma totalidade.

COMPREENDENDO AS RELAÇÕES NO ÀSÉ

O *omi* (água) é a oferenda que deve ser dada a todo e qualquer Òrìṣà, pois ela representa a água-sêmen, e é a água contida no sangue branco feminino, ou seja, ela fecunda, fertiliza, procria, além de servir como instrumento apaziguador, trazendo consigo calma, tranquilidade e também serve como um instrumento que torna as coisas possíveis, nenhuma oferenda ou *egbo* ou invocação deve ser feita sem água.

O *iyefun* (farinha de mandioca) ou qualquer outra farinha que provém de grãos simboliza a fecundidade, a continuação, representa a descendência genérica, a origem e a continuação dela, a geração.

O *epo* (azeite de dendê) simboliza o sangue vermelho, ele é propriamente dito o *àse*, o poder da realização, podendo representar tanto o poder de gestação da *Iyá Àgbà* (as grandes anciãs) como o grande poder dinâmico de seus descendentes, inclusive o de Èṣù, ou seja, Èṣù utiliza do *epo* para se tornar ativo, para efetuar o movimento, para ser *Ojise* (mensageiro).

O *Otin* (cachaça) representa o sangue branco masculino, o sêmen masculino, fato este totalmente ligado a Èṣù, que é o Senhor da Fertilização Masculina.

O àkàsà é feito com farinha à base de milho cozido e envolvida na folha de bananeira. Formando um pacotinho, essa é uma oferenda muito importante, pois sendo retirada da folha de bananeira, constitui o alimento dos Òrìṣà funfun (Orixás do branco, que são os responsáveis pela criação), tornando-se assim a representação de um corpo descendente, um àkàsà é um corpo. Envolvido na folha da bananeira (que é o símbolo do preto), torna-se uma porção individualizada; sendo o símbolo de um ser, representa qualquer animal ou mesmo substitui um ser humano.

Os Òrì<u>s</u>à

Ficaria muito vago se não falássemos um pouco sobre cada divindade que compõe o oráculo divinatório de Ifá. Apesar de todos nós conhecermos um pouco sobre cada uma delas, é sempre bom ter mais algumas informações a respeito de cada divindade, pois, para os africanos, até uma vírgula representa grandes conhecimentos. Tudo o que aprendemos, por menor que seja, sempre representa conhecimento; um dia, mais tarde, aquilo servirá para alguma coisa.

Todos sabemos da importância de cada Òrì<u>s</u>à, e o que eles representam no nosso mundo.

Cada um está relacionado a alguma coisa ou algum elemento da Natureza; sendo assim, eles estão diretamente ligados a nós, estando sempre presentes em nossas vidas, não só como Òrì<u>s</u>à protetores de cada um de nós, mas também como ancestrais e deuses que foram responsáveis por nós desde o momento da criação até os dias de hoje.

Faremos apenas uma breve explanação sobre cada Òrì<u>s</u>à, para que possamos aprender um pouco mais sobre eles.

1. ÈṢÙ

Orixá: Princípio de Movimento e Interligação!

O Mensageiro dos Orixás!

Exu pode ser o mais benevolente dos Orixás, se for tratado com consideração e generosidade.

O arquétipo de seus filhos:

Os filhos de Exu possuem um caráter ambivalente: ora são pessoas inteligentes e compreensivas com os problemas dos outros, ora são bravas, intrigantes e ficam muito contrariadas. As pessoas de Exu não têm paradeiro, gostam de viagens, de andar na rua, de passear, de jogos e bebidas.

Quase sempre estão envolvidas em intrigas e confusões. Guardam rancor com facilidade e não aceitam ser vencidas. Por isso, para ter um amigo ou filho de Exu é preciso de muito jeito e compreensão ao tratar com ele.

A Lenda

Conta a lenda que houve uma demanda entre Exu e Osàlá para que pudesse saber quem era o mais forte e respeitado, e foi aí que Osàlá provou sua superioridade, pois, durante o combate, Osàlá apoderou-se da cabaça de Exu, a qual continha seu poder mágico, transformando-o assim em seu servo.

Osàlá então permitiria que Exu, a partir de então, recebesse todas as oferendas e sacrifícios em primeiro lugar. A importância de Exu é fundamental, uma vez que ele possui o privilégio de receber todas as oferendas e obrigações em primeiro lugar, nenhuma obrigação deve ser feita sem primeiro saudar a Exu.

É o dono de todas as encruzilhadas e caminhos, é o homem da rua, quem guarda a porta e o portão de nossas casas, quem tranca, destranca e movimenta os mercados, os negócios, etc. Exu também nos confirma tudo no jogo de Ifá (búzios).

Lenda

Conta-se que Aluman estava desesperado com uma grande seca. Seus campos estavam secos e a chuva não caía. As rãs choravam de tanta sede e os rios estavam cobertos de folhas mortas, caídas das árvores. Nenhum Orixá invocado escutou suas queixas e gemidos.

Aluman decidiu, então, oferecer a Exu grandes pedaços de carne de bode. Exu comeu com apetite dessa excelente oferenda. Só que Aluman havia temperado a carne com um molho muito apimentado. Exu teve sede. Uma sede tão grande que toda a água de todas as jarras que ele tinha e as que havia nas casas dos vizinhos não foram suficiente para matar sua sede!

Exu foi à torneira da chuva e abriu-a sem pena. A chuva caiu. Ela caiu de dia, ela caiu de noite. Ela caiu no dia seguinte e no dia depois, sem parar. Os campos de Aluman tornaram-se verdes. Todos os vizinhos de Aluman cantaram sua glória:

> "Dono dos dendezeiros, cujos cachos são abundantes;
> Dono dos campos de milho, cujas espigas são pesadas!
> Dono dos campos de feijão, inhame e mandioca!"

E as rãzinhas gargarejavam e coaxavam, e o rio corria velozmente para não transbordar! Aluman, reconhecido, ofereceu a Exu carne de bode com o tempero no ponto certo da pimenta. Havia chovido bastante. Mas seria desastroso, pois em todas as coisas o demais é inimigo do bom.

2. Ògún

Òrìs̲à, senhor absoluto da guerra, considerado pelos yorubás como o temível guerreiro que lutava sem se cansar contra os reinos vizinhos. Antes de se tornar guerreiro, Ògún foi um grande caçador e desbravador, que com o passar do tempo foi se tornando grande conhecedor dos mistérios da floresta. A imagem que temos dele é de um guerreiro imbatível e incansável, que segue na frente de todos, abrindo os caminhos para que possam passar. Por seu autoritarismo, ele é um dos òrìs̲a mais temidos e respeitados do panteão africano.

Ele está associado ao ferro, sendo considerado deus e protetor dos ferreiros e de todos aqueles que usam esse metal pesado em suas profissões. Ògún, traduzido para o português, quer dizer luta, batalha, briga. Seu próprio nome expressa bem sua personalidade forte e marcante.

Várias lendas e oriki relatam bem a personalidade forte dele. Uma delas conta que, certa vez, Ògún e sua esposa voltavam de uma guerra quando ele se deixou atemorizar pelo coaxar das rãs. Chegando a sua cidade, sua esposa contou essa aventura em público. Humilhado, Ògún mandou que cortassem a cabeça de sua esposa.

Como podemos observar, ele é impiedoso e não poupa ninguém, nem mesmo a esposa, ainda mais quando se trata de honrar sua imagem de destemido guerreiro.

O arquétipo de seus filhos:

Os filhos desse Òrìs̲à são pessoas briguentas, violentas, temperamentais e impulsivas. São incapazes de perdoar as ofensas feitas pelos outros. Geralmente, os *filhos de Ògún são determinados e seguem seus objetivos até se cansarem; são pessoas que nos momentos difíceis triunfam onde qualquer um teria desistido, não perdem a esperança nunca. Possuem bom humor mas mudam repentinamente, passando a furiosos acessos de raiva. São indiscretos, sinceros e francos.*

3. Odẹ́

É o deus dos caçadores, guardião das matas e das florestas. É também considerado um Òrìṣà de muita importância para os africanos, pois ele protege os caçadores durante suas longas viagens, fazendo com que suas expedições sejam eficazes, trazendo sempre comida em abundância.

Outros fatores mostram a importância de Odẹ́ para os africanos, como a medicina, pois os caçadores passavam grande parte de seu tempo dentro das florestas e, assim, ficavam em contato com as ervas medicinais existentes, que eram de domínio de outro Òrìṣà, que estudaremos a seguir, mas que sempre estiveram sob os domínios de Odẹ́. Assim, os caçadores aprenderam a utilizar essas ervas para combater os males que afligiam seu povo.

Suas características são agilidade, destreza, astúcia, sabedoria e rapidez. O símbolo que o representa é um arco e flecha, que está relacionado com a caça e com os caçadores de um modo geral. Outro símbolo que o representa é um instrumento chamado irukêrê, que é uma espécie de cetro feito com o rabo de touro, preso a um pedaço de couro e ornado com contas e búzios, que é um dos principais instrumentos utilizados pelos caçadores e detém poderes sobrenaturais.

O arquétipo de seus filhos:

Os filhos de Odẹ́ são pessoas espertas, rápidas, sempre alertas aos movimentos dos outros; é como se estivessem de olho na caça. São pessoas cheias de iniciativa e sempre em vias de novas descobertas ou novas atividades.

Têm senso de responsabilidade e de cuidados para com a família. São generosas, hospitaleiras e amigas da ordem, mas gostam muito de mudar de residência e achar novos meios de existência em detrimento, algumas vezes, de uma vida doméstica e calma.

4. Òsányín

Òsányín é o deus das plantas e das ervas medicinais. Ele é a magia e o encanto.

É o Òrìsà de muita importância dentro do culto afro, pois nenhum ritual pode ser feito sem a presença dele; ele é o detentor do àse, sendo assim imprescindível até mesmo para os próprios Òrìsà.

O nome das plantas, das ervas e a sua utilização são empregadas para sua evocação, cuja força desperta os seus poderes e são os elementos mais secretos do culto aos deuses yorubás.

Òsányín é representado por um emblema de ferro, uma barra central rodeada por outras seis, com um pássaro de ferro sobreposto, simbolizando uma árvore de sete ramos com um pássaro no topo.

Uma lenda nos ensina que o pássaro é a representação do poder de Òsányín; ele é o mensageiro que vai a toda parte, volta e se empoleira sobre a cabeça de Òsányín para fazer seu relato.

O arquétipo de seus filhos:

Pessoas de caráter equilibrado, capazes de controlar seus sentimentos e suas emoções; são aquelas que não deixam que suas simpatias ou antipatias interfiram em suas opiniões a respeito de outras pessoas ou acontecimentos. É o arquétipo dos indivíduos cuja extraordinária reserva de energia criadora e resistência passiva os ajuda a atingir seus objetivos, e cujos julgamentos sobre os homens e as coisas são menos fundados sobre as noções de bem e de mal do que sobre as de eficiência.

5. Olùayè (O̲mo̲lu/O̲baluàyié)

É o Òrìs̲à deus da varíola, da rubéola e de praticamente todas as doenças. Está associado às doenças contagiosas e pestes no geral; seu nome é perigoso ser pronunciado. Ele pune os malfeitores e insolentes enviando-lhes varíola. Está relacionado com a terra, com os troncos e ramos das árvores; por isso é chamado de "Senhor da Terra", ou do interior da terra. Utiliza como instrumento um tipo de vassoura chamado de s̲às̲àrà, que varre, limpa e leva todas as doenças e impurezas, tanto materiais como espirituais, para longe das casas onde ele é cultuado. O̲baluàyié (Rei dono da Terra) ou O̲mo̲lu (Filho do Senhor) são os nomes mais comuns desse Òrìs̲à. Ele sempre é rei ou senhor da terra por estar diretamente ligado a ela. Também podemos dizer que ele é rei de todos os espíritos do mundo, que detém e lidera o poder dos espíritos ancestrais que o seguem; e ele oculta, debaixo de sua ráfia, o mistério do nascimento e da morte, o mistério da própria vida.

Oluàyè é o patrono dos búzios e do conjunto de 16 búzios que servem de instrumento ao sistema divinatório de Ifá, que lhe pertence.

O arquétipo de seus filhos:

As pessoas de Oluàyè têm tendências masoquistas, gostam de mostrar suas tristezas e sofrimentos, dos quais tiram uma satisfação íntima. São pessoas incapazes de se sentirem satisfeitas quando a vida lhes corre tranquila. Podem atingir situações invejáveis e rejeitar, um belo dia, todas as vantagens por causa de certos escrúpulos imaginários. São pessoas que, em certos casos, sentem-se capazes de se consagrar ao bem-estar dos outros fazendo completa abstração de seus próprios interesses e necessidades vitais.

6. Ò̱sùmàrè

Òsùmàrè é o deus do arco-íris. É chamado na África de Serpente-arco-íris. Suas funções são múltiplas; são a mobilidade e a atividade. Uma de suas obrigações é dirigir as forças que produzem movimento. É o senhor de tudo que é alongado. O cordão umbilical, que está sob seu controle, é enterrado com a placenta, no pé de uma palmeira, tornando-se assim dono do recém-nascido, e a saúde deste dependerá da boa condição dessa árvore.

Òsùmàrè é o símbolo da continuidade e da permanência, e algumas vezes é representado por uma serpente que se enrosca e morde a própria cauda; que se enrola em volta da terra para impedi-la de se desagregar. Se perdesse as forças, isso seria o fim do mundo. Eis uma excelente razão para não nos descuidarmos de suas obrigações.

Òsùmàrè é o macho e a fêmea, sua dupla natureza está representada nas cores do arco-íris, que são o vermelho e o azul. Ele também representa a riqueza, pois dizem que no fim do arco-íris há um pote de ouro.

O arquétipo de seus filhos:

Seus filhos são pessoas que desejam muito ser ricas; são pacientes e perseverantes em seus objetivos e não medem esforços para atingi-los. Suas tendências à duplicidade podem ser atribuídas à natureza andrógina de seu deus.

Com o sucesso, ficam rapidamente orgulhosas e gostam de mostrar sua recente grandeza. São generosos e não negam a estender a mão em socorro dos necessitados.

7. Logun-Edé

Um Orixá essencialmente Ijexá. Caçador e pescador.

Sendo filho de Oxóssi e Oxum, assume características de ambos. É dito que ele vive metade do ano nas matas – domínio do pai – e a outra metade nas águas doces – domínio da mãe.

Um dos seus símbolos é o Ofá (arco e flecha), suas cores são azul-claro e amarelo, seu dia é quinta-feira. Sua saudação é LOCI LOCI LOGUN!

LOGÚN-EDÉ – O Orixá da Mágia e da Boa Sorte

Estava Oxóssi, o rei da caça, a caminhar por um lindo bosque em companhia de sua amada esposa Oxum, dona da beleza, da riqueza e portadora dos segredos da maternidade.

Lá foi avistado por Oxum, à beira do caminho, um lindo menino a chorar perdido. Oxum, de pronto agrado, acolheu e amparou o garoto, e ali surgiu uma grande identificação, entre ele, Oxum e Oxóssi.

Durante muitos anos Oxum e Oxóssi cuidaram dele e o protegeram. Oxum procurou durante todo esse tempo a mãe do menino, porém sem sucesso, então resolveu tê-lo como próprio filho. O tempo foi passando e Oxóssi vestiu o menino com roupas de caça e ornamentou-o com peles de animais provenientes de suas caçadas. Ensinou a arte caça, de como manejar e empunhar o arco e a flecha, os princípios da confraternidade para com as pessoas e o dom do plantio e da colheita, a ser audaz e a ter paciência, a arte e a leveza, a astúcia e a destreza, provenientes de um verdadeiro caçador.

Oxum, por sua vez, ensinou ao garoto da beleza o dom da elegância e da vaidade; ensinou a arte da feitiçaria, o poder da sedução, a viver e sobreviver sobre o mundo das águas doces; ensinou seus segredos e mistérios. Foi batizado por sua mãe e por seu pai de Lógún Edé, o princípe das matas e o caçador sobre as águas.

Viveu durante anos sob a proteção dos pais, tornando-se um só, aprendendo a ser homem, justo e bondoso, herdando a riqueza de Oxum e a fartura de Oxóssi, adquirindo princípios de um e de outro, tornando-se herdeiro, até nos dias de hoje, de tudo que seu pai Oxóssi carrega e sua mãe Oxum leva. Esse é Logún-Edé.

8. Oṣun

Deusa dos rios e da água doce, é o Òrìṣà do rio de mesmo nome que corre na Nigéria, em Ijesa e Ijebu. É considerada deusa da fecundidade, pois tem fortes laços com Iyámi-Ajé (Mãe Feiticeira).

Conta uma lenda que, quando todos os Òrìṣà chegaram à Terra, faziam reuniões em que mulheres não podiam participar. Oṣun ficou furiosa de não poder participar dessas reuniões e resolveu se vingar tornando todas as mulheres estéreis. Desesperados, eles foram à procura de seu superiores e estes ordenaram que deixassem Oṣun participar das reuniões que tudo voltaria ao normal. Depois disso, todas as mulheres voltaram a ser fecundas e todos os projetos obtiveram ótimos resultados. É importante dizer que, como já vimos anteriormente, foi através de Oṣun que as mulheres conseguiram os segredos dos 16 Odù de Ifá, abrindo assim espaço para que as outras mulheres pudessem ter acesso ao oráculo divinatório de Ifá.

O arquétipo de seus filhos:

As filhas de Oṣun são mulheres graciosas, elegantes, delicadas e amorosas. Têm adoração por joias e roupas caras. Mulheres que são símbolo do charme e da beleza. São voluptuosas e sensuais, porém mais reservadas que Òya.

Elas tentam não chocar a opinião pública, à qual dão grande importância. Sob sua aparência graciosa e sedutora escondem uma vontade muito forte e um grande desejo de ascensão social. Podem ser fofoqueiras e falsas quando desejam algo, e fazem qualquer coisa para conseguir, nem que seja preciso passar por cima de alguém.

9. S̲àngó

S̲àngó foi o terceiro Rei de Òyò S̲àngó; é viril, atrevido, violento, justiceiro; castiga os mentirosos, os ladrões e os malfeitores. Por esse comportamento, está relacionado à justiça e à realeza. Ele está relacionado a um fenômeno da Natureza, que é o trovão. Muitos dizem que, quando uma pessoa morre atingida por um raio, é considerada indigna. Da mesma maneira, quando uma casa é atingida por um raio, considera-se aquela uma casa marcada pela ira de S̲àngó. Quando isso ocorre na África, o proprietário deve pagar pesadas multas ao sacerdote do Òris̲à, que vem procurar nos escombros os èdùn àrá (pedras de raio) que são lançados por S̲àngó e enterrados no solo onde o chão foi atingido.

O símbolo de Sàngó é o machado de duas lâminas (os̲é).

O arquétipo de seus filhos:

Os filhos de Sàngó são pessoas energéticas, voluntariosas, altivas e conscientes de sua importância, real ou suposta. São aquelas pessoas que podem ser grandes senhores corteses, mas não toleram a menor contradição e, nesses casos, deixam-se levar por crises de cólera, sendo que essas são violentas e incontroláveis. São, ao mesmo tempo, sensíveis ao charme do sexo oposto, conduzem-se com tato e encanto no decurso das reuniões sociais, mas podem perder o controle e ultrapassar os limites da decência. São sérios e benevolentes e guardam dentro de si um profundo sentimento de justiça.

10. Òya

Deusa dos ventos, dos relâmpagos e das tempestades. Quem de nós já não ouviu alguém falar da mais bela e imponente Òrìsà do panteão africano. Deusa da beleza, Òya está relacionada a tudo o que é belo e poderoso. Òya está ligada diretamente ao culto de Egúngún, sendo o único Òrìsà capaz de enfrentar e dominar os Égúngún. Pelo seu poder, através dos tempos, somente as sacerdotisas de Òya podem participar dos cultos de Égúngún, não só na África como em todos os países que cultuam os deuses africanos. Descreveremos a personalidade de Òya por meio de um oriki que é dirigido a ela.

"Òya, mulher corajosa, que ao acordar impunhou um sabre.
Òya, mulher de Sàngó.
Òya, cujo marido é vermelho.
Òya, que embeleza seus pés com pó vermelho.
Òya, que morre corajosamente com seu marido.
Òya, vento da morte.
Òya, ventania que balança as folhas das árvores por toda a parte.
Òya, a única que pode segurar os chifres de um búfalo."

Podemos observar a coragem, o amor e a fúria desse Òrìsà, e como ela é adorada e cultuada na África e no Brasil.

O arquétipo de seus filhos:

São mulheres audaciosas, poderosas e autoritárias. Mulheres que podem ser fiéis e de lealdade absoluta em certas circunstâncias, mas que, em outros momentos, quando contrariadas em seus objetivos, deixam-se levar à extrema cólera. São pessoas cujo temperamento sensual e voluptuoso pode levar a aventuras amorosas extraconjugais múltiplas e frequentes, sem reservas e sem decência, o que não as impede de continuar muito ciumentas com os maridos que por elas foram traídos.

11. Obá

Obá é uma grande guerreira, considerada por alguns até como uma guerreira invencível e que não conhece a derrota. Na Nigéria, é a Senhora do Rio Obá, pois esta grande guerreira, além de estar ligada às guerras, também está totalmente ligada às enchentes, às cheias dos rios, às inundações; ela é quem rege todos esses fenômenos, sejam eles de origem natural ou causados por erros humanos.

Conta a lenda que Obá foi enganada por Os̲un, o que a levou a cortar sua própria orelha para oferecê-la em uma sopa a S̲àngó, e ele, em gesto de repugnância, expulsou-a de seu reino, com tremenda raiva. Obá, então, passa a estar ligada ao abandono, à solidão, pois Obá é a última gota que faz transbordar os nossos sentimentos. Ela está ligada às atitudes tomadas em exagero, em excesso de explosão, de impulso, de emoção, de revolta. Se um rio enche e transborda, é porque não mais suporta seu volume de água, deixando escapar aquilo que já não cabe mais: isso é Obá, essa é sua regência, seu encantamento, sua influência; ela é o desabafo de uma situação insustentável.

O arquétipo de seus filhos:

Os filhos de Obá são pessoas extremamente explosivas, que agem impulsionadas pelo momento que estão passando; utilizam-se da emoção e não da razão. São pessoas maduras, sábias, realistas, que normalmente enfrentam imensas desilusões amorosas. São ciumentas, possessivas e, em alguns casos, extremamente tristes, solitárias, frustradas, desiludidas e nunca acham que vão conseguir alcançar um novo caminho quando derrotadas. Ainda quando derrotadas, não conseguem se levantar rapidamente para o mundo e correr atrás do tempo perdido, porém também não permitem nem aceitam facilmente ajuda de outras pessoas; por outro lado são sempre muito guerreiras e decididas a alcançar seus objetivos, só que demoram a encontrá-lo e vivem sempre de maneira agressiva e decidida até conhecerem o sabor de uma nova derrota.

12. Ewá

Ewá é o Òrìs̱à da alegria, do belo, dos cantos, da vida e das belezas que a vida nos apresenta. Ewá é quem rege todas as mutações, sejam elas orgânicas ou inorgânicas; é o Òrìs̱à responsável pela mudança da água, de seu estado líquido para o gasoso ou para o sólido, e vice-versa. Ela é quem gera as nuvens e a chuva; quando olhamos para o céu e vemos as nuvens formando figuras de animais, pessoas ou objetos, não damos muita importância por achar que aquilo é coisa da nossa imaginação – estamos enganados, pois ali está Ewá, ela é quem cria essas diferentes formas. Ewá é responsável pelo ciclo interminável de transformação da água em seus diversos estados. Ela está ligada às mutações dos vegetais e animais; ela está ligada às mudanças e às transformações, sejam bruscas ou lentas. Ewá é o desabrochar de um botão de rosa; ela é uma lagarta que se transforma em borboleta; é a água que vira gelo e o gelo que vira água; ela é quem faz e desfaz. Ewá é a própria beleza contida naquilo que tem vida, é o som que encanta, é a alegria, é a transformação do mal para o bem: enfim, Ewá é a vida.

O arquétipo de seus filhos:

Os filhos de Ewá são pessoas extremamente alegres, contentes, adoram cantar, dançar e aproveitar ao máximo tudo o que a vida tem para lhes oferecer de bom. Adoram se divertir, são pessoas generosas e bondosas, adoram novidades, criar, inventar, descobrir, conhecer, divulgar. Também são muito volúveis e facilmente mudam de opinião e pensamento, principalmente com um assunto novo em sua vida. São pessoas que gostam de estar sempre modificando as coisas e situações, pois detestam a monotonia. Além disso, normalmente são pessoas dotadas de muita beleza, externa e interna, e onde chegam se tornam o centro das atenções, encantando a todos com sua beleza.

13. Yemo̱njá

É a deusa das águas salgadas, senhora absoluta dos mares e oceanos. Yemo̱njá significa "Mãe dos Filhos Peixes". Ela está associada à família, à grande mãe.

No Brasil, ela é o Òrìs̱à mais cultuado, pelo fato de nós termos uma imensa extensão litorânea, e os pescadores e o povo cultuarem-na intensamente, fazendo-lhe lindas e grandiosas oferendas que lhe são entregues no mar. Yemo̱njá é representada pelo metal prata, com que são feitos seus objetos de uso, como seu abêbê, leque ritual.

Por meio deste oriki poderemos saber mais sobre as características físicas e morais de Yemo̱njá:

"Rainha das águas que vêm da casa de Olókun.

Ela usa, no mercado, um vestido de contas.

Ela espera orgulhosamente sentada, diante do rei.

Rainha que vive nas profundezas das águas.

Ela anda à volta da cidade.

Ela é proprietária de um fuzil de cobre.

Nossa mãe de seios chorosos."

O arquétipo de seus filhos:

As filhas de Yemo̱njá são fortes, protetoras, voluntariosas, rigorosas e, algumas vezes, impetuosas e arrogantes; têm o sentido de hierarquia, fazem-se respeitar, são justas e formais. Sempre estão se preocupando com os outros e se esquecendo de si mesmas; demoram muito para perdoar uma ofensa e, quando perdoam, nunca mais se esquecem. Maternais, sérias e desprovidas de vaidade.

14. Nàná

Nàná é uma divindade muito antiga, sendo considerada por muitos como a avó dos Òrìṣà. Sua importância na África é tanta, que foi considerada como a ancestral feminina de todas as divindades.

Ela está associada à criação e à maternidade e sua relação com a lama está relacionada com a agricultura e a fertilidade dos grãos. Dizem que Nàná recebe, em seu seio, os mortos que tornarão possíveis os renascimentos, sendo isso afirmado em um de seus oriki:

"Íjükú àgbé gbà".

"lnabitado país da morte, vivemos (e nele) iremos ser recebidos."

Por esse motivo dizem que Nàná é mãe dos mortos e dos ancestrais.

Nàná possui vários poderes e, por isso, é invocada na Terra para testemunhar em todos os tipos de pactos, particularmente nas iniciações e naqueles relacionamentos com a guarda dos segredos. Em caso de traição, acredita-se que a terra fará justiça:

"Kí ilè jéèri".

"Que a terra testemunhe".

O arquétipo de seus filhos:

São pessoas que agem com calma, benevolência, dignidade e gentileza. São pessoas lentas no cumprimento de seus deveres e acham que têm a eternidade pela frente para acabar seus afazeres. Adoram crianças e as educam com excesso de doçura e mansidão, pois têm tendência a se comportarem com a indulgência dos avós. Agem com segurança e majestade.

Suas reações são bem equilibradas e a pertinência de suas decisões as mantêm sempre no caminho da sabedoria e da justiça.

15. Ibeji

Lendas

Existiam em um reino dois pequenos príncipes gêmeos que traziam sorte a todos. Os problemas mais difíceis eram resolvidos por eles; em troca, pediam doces, balas e brinquedos. Esses meninos faziam muitas traquinagens e, um dia, brincando próximos a uma cachoeira, um deles caiu no rio e morreu afogado.

Todos do reino ficaram muito tristes pela morte do príncipe. O gêmeo que sobreviveu não tinha mais vontade de comer e vivia chorando de saudades do seu irmão; pedia sempre a Ò̱rùnmilà que o levasse para perto do irmão.

Sensibilizado pelo pedido, Ò̱rùnmilà resolveu levá-lo para se encontrar com o irmão no céu, deixando na Terra duas imagens de barro. Desde então, todos que precisam de ajuda deixam oferendas aos pés dessas imagens para ter seus pedidos atendidos.

* * *

Iansã e Sàngó tiveram dois filhos gêmeos. Só que, quando eles ainda eram pequenos, houve uma epidemia que matou muitas crianças do povo, e um dos gêmeos morreu.

Os pais ficaram desesperados, e Iansã, como é amiga dos Eguns, resolveu pedir sua ajuda. Esculpiu um boneco de madeira igual ao filho que havia morrido, vestiu-o e enfeitou-o como se fosse para uma festa e colocou-o no lugar de honra da casa.

Todos os dias ela colocava uma oferenda aos pés da imagem e conversava com ela como se fosse seu filho vivo. Comovidos com seu amor pela criança, os Orixás fizeram a estátua viver e Iansã voltou a ter seus dois filhos.

16. Os̱àlá

O grande Òrìs̱à, ou o rei de tudo o que é branco, ocupa uma posição única e incontestável de o mais importante Òrìs̱à.

É o responsável pela criação do mundo e dos seres humanos, detendo o poder de sugerir e de realizar. Ele simboliza o começo de tudo, o nascimento, a vida e a morte. Um ser onipotente, respeitável.

O arquétipo de seus filhos:

> *Os devotos de Os̱àlá são pessoas calmas e dignas de confiança; são pessoas respeitáveis e reservadas, dotadas de uma força de vontade inquebrantável, que nada pode influenciar. Em nenhuma circunstância modificam seus planos e seus projetos, mesmo a despeito de opiniões contrárias, racionais, que as alertam para as possíveis consequências desagradáveis de seus atos.*
>
> *Tais pessoas, no entanto, sabem aceitar, sem reclamar, os resultados amargos disso decorrentes.*

Algumas Qualidades ou Caminhos de Òrìs̱à

ÒGÚN

ÒGÚN JÁ

Ògún com comportamento de velho, rabugento, não é fácil de se lidar, tem fundamento com Òs̱ala (Osalufan), sai de branco. Ògun violento, genioso, guerreiro por excelência. Fio verde-escuro.

ÒGÚN IJÁ

Òrìs̱à de essência própria, fez parte da criação, é Fun Fun, guerreiro, irmão mais velho de Ògún Já, (Òrìs̱à independente), gênio difícil, sai de branco. Fio verde-escuro, podendo ter branco por ser Fun Fun. Difícil de fazer. Existem poucas pessoas feitas no Brasil.

ÒGÚN LEGBEDE

Casou-se com Yemo̱nja, que se tornou Yemo̱nja Ogunté. Ela leva Ogunté por causa de Legbedê. Pai de Akoro, velho trabalhador, consencioso, seguro, exigente. Fio e roupa azul-índigo. Ògún propriamente dito, guerreiro, cruza nas encruzilhadas acompanha Es̱ú, seu reino de atuação são as encruzilhadas.

ÒGÚN ONIRE

Também conhecido como Ogum Mege, está sempre presente; saída e fio azul-índigo.

É orgulhoso, impaciente, vaidoso, ligado aos antepassados, representa os Ògúns milenares, por isso ele é o mais conhecido. Ele está próximo de ser o Ògún mais cultuado, onde se fala em Ògún, ele está presente.

ÒGÚN WARI

Difícil de se iniciar ele é o famoso Ògún feiticeiro, aquele que tem pleno Reino na Feitiçaria e magia. Tem ligação com os antepassados, é perigoso, de temperamento difícil e autoritário. Saída e fio azul-escuro.

ÒGÚN AKORO

O mais próximo de Odé, ligado às florestas, qualidade benéfica, é jovem, dinâmico, entusiasta, empreendedor, protetor, seguro, amigo fiel e extremamente ligado à mãe Yem<u>o</u>nja. Foi quem ensinou Odé a caçar; seu irmão, fio azul-índigo.

ODÉ

O<u>S</u>OSSI – Titulo de Odé

INLÉ

Inlé é um rio muito cheio de curvas, na África. Pai de Logún-Edé, casado com Osun Ipondá. Tem como características a curiosidade, sensibilidade, inconstância; costuma começar as coisas e não termina, quebra coisas com facilidade, é teimoso e adora novidades. Ele é o caçador, veste branco e seu fio é azul-claro.

IBUALAMA

Uma outra versão de Inlé, é velho, tem fundamento com Obaluàyé, inquieto, individualista, imprevisível, adora mudanças, reluta em se casar e não consegue estar satisfeito, fio e roupa azul-claro e usa palha.

E<u>S</u>EWI

Ligado a O<u>s</u>àlá, generoso, teimoso, curioso, bom; saída e fio azul- claro.

AKERAN

Odé orgulhoso, extrovertido, curioso, dinâmico, inquieto, brincalhão, sempre cantando, desajeitado, cor e fio azul-claro.

ORISAMBO

Odé mais velho, o caçador ancião, rabugento, esquisito, emoções oscilantes, inconstante. Cor e fio azul-claro.

AGAN

Meia idade, altamente responsável, justo, cobra seriedade; ele é não é raspável no Brasil.

KARO

Mora na água, sensível, ordeiro, discreto, paciente. Cor: azul-claro.

LOGÚN-EDÉ

Príncipe de Ijesa, filho de Ipondá com Inlé, possui características do pai e da mãe, vive seis meses na água pescando e seis meses no mato caçando. Cor: azul-claro com amarelo-ouro.

OSSAYN

Detentor de mistérios e segredos de todas as folhas. É evocado quando se mexe com folhas. Saudação: *Ewe Babá, Ewe, Ewe, Babá Ossayn, Ewe.*

Ossayn é a própria folha, o grande gênio que reune a natureza nas próprias folhas. Só inicia uma qualidade: Age̱.

AGE̱

O único "raspável", reservado, discreto, justo, ordeiro e misterioso. Cor: verde e branco.

S̱APONA

Saponá/Saponã Òrìṣà da palha, Jeje, Vodun. Idioma Fon, cultura e nação JEJE.

OMULU AZAONI, INTOTU, AJUNSUN, POSSUN

Irônico, reservado, misterioso, masoquista, rabugento e exagerado nos fatos. Cores: preto, branco, vermelho, e às vezes, roxo.

OBALUAYE, JAGUN, KAFUGINAN

Propenso aos feitiços, vinganças e generosidade. Cores: preto e branco. Jagun é guerreiro e Kafuginan veste branco.

NÀNÁ

Família JEJE, mãe de Obaluàyé e Ewá.

BURUKE

Arquétipo mais conhecido, são Òrìṣà ligados à morte; fio roxo ou violeta e branco.

IBAIN

Justas, maduras, generosas, ranzinzas e sensíveis, fio azul e branco, ou roxo, ou violeta.

OṢUN

OPARÁ

A mais jovem, vive nas encruzilhadas com Ògún, guerreiras, explosivas, temperamentais, preservação da jovialidade, tanto física como mental; cor: amarelo transparente e clarinho.

IPONDÁ

Jovem, guerreira, dada a feitiçaria como Opará. É mãe de Logún-Edé; cor: amarelo transparente e clarinho.

IOKÊ

Ela é feminina, mas em alguns lugares é considerada um Oṣossi fêmea. Vive no mato, é jovem, extrovertida. Cor: amarelo transparente e clarinho.

AJAGURÁ

Também jovem, é a Oṣun dos nagôs de Ọyọ, volúvel e guerreira; cor: amarelo transparente e clarinho.

ABOTO

Oṣun velha, discreta, generosa, extremamente ordeira; cor: amarelo transparente mais escuro.

POPOLOKUN

Anciã, poucos conhecem seus fundamentos, sua raspagem não derruba os cabelos, cor: amarelo transparente mais escuro.

KARÊ

Jovem, também é uma caçadora, vaidosa e sensível, vive nas cachoeiras das matas fechadas, cor: amarelo transparente bem claro.

IYAOMI

Senhora do jogo de búzios, é companheira de Oṣun OBOTO; cor: amarelo transparente mais escuro.

IJIMUN

Oṣun mais velha e extremamente sensível, viveu no antigo Dahomé; discreta e altamente responsável. Cor: amarelo transparente mais escurinho.

YEMỌNJA

ASSESSU

Senhora, generosa, responsável, absurdamente ciumenta e possessiva, fio branco transparente.

ASSOBA

Senhora, generosa, responsável, absurdamente ciumenta e possessiva; fio branco transparente, azul-claro ou prateado.

OGUNTẸ

Vive nos recifes das praias, próximos a Olokun (mãe de Yemọnja, Senhora dos Arrecifes), guerreira e explosiva, conhecida como uma grande Amazona, extrovertida, jovem, impetuosa; fio azul-claro ou verde-claro transparentes por causa dos recifes.

IYAORI

Só se apresenta nas cerimônias de Bori; não é raspável.

ÒYA

IGBALÉ (BALÉ)

Não é qualidade, e sim uma peculiaridade: existem Òya que são Balé e as que não são Balé.

EGUNITÁ

É uma IGBALE. Apesar de sossegada, tem momentos de rompantes, é velha, Fio: marrom-escuro.

FOMAN

É uma IGBALE: Apesar de sossegada, tem momentos de rompantes; é velha. Fio: marrom-escuro.

LOGUNERE

Também geniosa, ciumenta, agressiva. Fio: marrom-escuro.

LESSAYN

É uma IGBALE. vive com os Eguns; raspagem difícil e perigosa; dominadora e generosa. Fio: marrom-escuro.

ATEOJU

É uma IGBALE: não se tira o cabelo na feitura; companheira de Nànà, é antiga e considerada os olhos da morte. Cor: marrom-terracota.

OBÁ

Guerreira, jovem e dominou vários reinos; existem dois tipos mais cultuados.

GIGDEO

Venceu todos os Òrìsà em lutas, menos Ògún, que a enganou. Impetuosa, guerreira, destemida, muito trabalhadeira e possessiva. Cor: vermelha e amarela rajada ou alternada, ou cor abóbora.

REWA

Vive nas matas, considerada uma caçadora. Cor: vermelho e amarelo, rajado ou alternado, ou cor abóbora.

SÀNGÓ

AFONJA

Irmão velho (um dos) de Sàngó.

BARU

Cultuado como Sàngó, ele veio de outro culto (ifon). Perigoso de lidar, é fogo vivo, é puro fogo.

AGANJU

Jovem, era sobrinho neto de Olufirãn, que reinou em Oyo; era Sàngó mesmo.

AYRA

Quatro ligações de Aira. Ligados às Iabas. Cores: marrom, branco e vermelho.

AIRA MODE – Vem sempre com Oṣun.

AIRA ADJAOSI – Vem com Yemọnjá.

AIRA AJIBONAN – Vem com Osàlá.

AIRA INTILE – Vem com Òya.

Na comida para Sàngó Aira não vai semente do quiabo. Faz-se igual, mas sem as sementes.

OGODO

Um dos irmãos mais velho de Alurifãn, não é o mais velho, mas está entre eles. Fio: marrom e branco.

DADA

Irmão mais velho de Sàngó.
Todos os irmãos de Sàngó foram reis. Fio marrom e branco.

ÒSÙMÀRÈ

Ligado à justiça pelo arco-íris, tem sua representação por uma serpente que liga Orun ao Aye e vice-versa. É Jeje – Vodun – Dahomé que vem do culto às serpentes. Dan quer dizer cobra, serpente no idioma Fon. Embora seja cultuado no Ketu, ele é Jeje e seu nome seria Bessen. É muito comum encontrar filhos de Òsùmàrè. Dinheiro, coisas boas e fartura. Cor: amarelo e verde.

IEWA – EWÁ

Vodum, família Jeje, irmã ou mulher de Òsùmàrè, ambos filhos de Nànà.

Ewá teria o nome de Bessanha; Òsùmàrè teria o nome de Bessen. Ambos Jeje.

Senhora da transformação, guerreira, caçadora, é ligada aos astros e tida como uma das lindas Iabas, cismadas, desconfiadas, ambiciosas e, ao mesmo tempo, generosas, a senhora das mudanças, das situações, das transformações. Fio: vermelho, amarelo e verde rajado.

IROKO

É uma árvore que representa uma divindade; pés no chão, sisudo, impertinente, é cultuado no Brasil como Sàngó. Fio: cinza.

OSÀLÁ

OXALUFÃ – Osàlá velho

BABA EPE – BABA IKIN – BABA ETEKO – BABA OROSSUN

Da terra de Ifon. Perseverantes, pacientes, tolerantes e altamente responsáveis. Comportamento: velhos, rabugentos, mesquinhos e teimosos. Não admitem ser controlados. Fio: branco; roupa branca (tudo sempre branco quando for para Osàlá).

OXAGUIÃ

Jovem, performance pura e representativa dos Orixás Jagum, teria ensinado Ogum a guerrear. Temos duas qualidades mais cultuadas. Cor e roupa azul-claras e brancas.

AJAGUNO IPITIO

Da terra de Ibo, guerreiro que ensinou Ògún a guerrear. Leva um escudo e uma espada, vem na versão Ketu. São generosos, impacientes, curiosos, altamente inteligentes e inquietos. Fio: branco.

DANKO

Vem da nação Fon; também é guerreiro, transforma-se e apresenta-se como uma cobra. Cor: branco; fio branco igual ao de Oxalufã. São mais agitados.

As Variações das Nações Jeje, Ketu e Angola

Dos muitos grupos de escravos vindos para o Brasil, categorias ou nações se destacaram:

Negros Fons ou Nação Jeje;
Negros Yorubás ou Nação Ketu;
Negros Bantos ou Nação Angola.

Cada uma dessas nações tem dialeto e ritualística própria. Mas, houve uma grande coligação entre seus deuses adorados, por exemplo:

Na Nação Jeje, os deuses são chamados de Voduns;
Na Nação Ketu, de Orixás;
Na Nação de Angola, de Nkises.

A seguir, encontram-se relacionados os deuses, suas ligações e correspondência em cada uma dessas nações:

KETU	JEJE	ANGOLA
Exu	Elegbá	Njira
Ogum	Gu	Nkosi-Mukumbe
Odé	Otolú	Mutaka Lambo
Omolu	Azanssun	Kavungo
Xangô	Sogbô	Nzaze ou Luango
Ossayn	Ague	Katende

Oya/ Yansã	Guelede-Agan ou Vodun-Jó	Matamba/Kaingo
Oxum	Aziri-Tolá	Dandalunda
Iemanjá	Aziri-Tobossi	Samba Kalunga/Kukuetu
Oxumarê	Becém	Angoro
Oxalá	Lissá	Lemba

Nação Jeje

ORIGEM DA PALAVRA JEJE

A palavra JEJE vem do yorubá *adjeje*, que significa estrangeiro, forasteiro. Portanto, não existe e nunca existiu nenhuma nação Jeje, em termos políticos. O que é chamado de nação Jeje é o Candomblé, formado pelos povos fons, vindos da região de Dahomé, e pelos povos mahins. Jeje era o nome dado de forma pejorativa pelos yorubás para as pessoas que habitavam o Leste, porque os mahins eram uma tribo do lado Leste, e Saluvá ou Savalu, eram povos do lado Sul. O termo Saluvá ou Savalu, na verdade, vem de "Savê", que era o lugar onde se cultuava Nanã. Nanã, uma das origens das quais seria Bariba, uma antiga dinastia originária de um filho de Oduduá, que é o fundador de Savê (tendo, neste caso, a ver com os povos fons). O Abomei ficava no Oeste, enquanto Axantis era a tribo do Norte. Todas essas tribos eram de povos Jeje.

ORIGEM DA PALAVRA DAHOMÉ

A palavra DAHOMÉ tem dois significados: um está relacionado com um certo rei Ramilé, que se transformava em serpente e morreu na terra de Dan. Por isso, ficou "Dan Imé" ou "Dahomé", ou seja, aquele que morreu na Terra da Serpente. Segundo as pesquisas, o trono desse rei era sustentado por serpentes de cobre cujas cabeças formavam os pés que iam até a terra. Esse seria um dos significados encontrados: Dan = "serpente sagrada" e Homé = "a terra de Dan", ou seja, Dahomé = "a terra da serpente sagrada". Acredita-se ainda que o culto a Dan é oriundo do Antigo Egito. Ali começou o verdadeiro culto à serpente, onde os Faraós usavam seus anéis e coroas com figuras de cobra. Encontramos também Cleópatra com a figura da cobra confeccionada em platina, prata, ouro e muitos outros adornos femininos. Então, é possível dizer que este culto veio descendo do Egito até Dahomé.

Dialetos falados:

Os povos jeje se enumeravam em muitas tribos e idiomas, como: Axantis, Gans, Agonis, Popós, Crus, etc. Portanto, Há dezenas de idiomas para uma tribo só, ou seja, todas eram jeje, o que foge evidentemente às leis da linguística – muitas tribos falando diversos idiomas, dialetos e cultuando os mesmos Voduns. As diferenças vinham, por exemplo, dos Minas – Gans ou Agonis, Popós que falavam a língua das Tobosses, que, a meu ver, existe uma grande confusão com essa língua.

Os primeiros no Brasil:

Os primeiros negros jeje chegados ao Brasil entraram por São Luís do Maranhão e de São Luís desceram para Salvador, Bahia e, de lá, para Cachoeira de São Félix. Também ali há uma grande concentração de povos Jeje. Além de São Luís (Maranhão), Salvador e Cachoeira de São Félix (Bahia), o Amazonas, e bem mais tarde o Rio de Janeiro, foram lugares aonde encontram-se evidências desta cultura.

Classificação dos Voduns:

Muitos Voduns Jeje são originários de Ajudá. Porém, o culto desses Voduns só cresceram no antigo Dahomé. Muitos desses Voduns não se fundiram com os Òrìsà nagôs e desapareceram totalmente. O culto da serpente Dãng-bi é um exemplo, pois ele nasceu em Ajudá, foi para o Dahomé, atravessou o Atlântico e foi até as Antilhas.

Quanto a classificação dos Voduns Jeje, por exemplo, no Jeje Mahin tem-se a classificação do povo da terra, ou os voduns Caviunos, que seriam os voduns Azanssu, Nanã e Becém. Temos, também, o vodun chamado Ayzain que vem da nata da terra. Este é um vodun que nasce em cima da terra. É o vodun protetor da Azan, em que Azan quer dizer “esteira”, em Jeje. Achamos em outro dialeto Jeje, o dialeto Gans-Crus, também o termo Zenin ou Azeni ou Zani e ainda o Zoklé. Ainda sobre os Voduns da terra encontramos Loko. Ele, apesar de estar ligado também aos astros e à família de Heviosso, também está na família Caviuno, porque Loko é árvore sagrada; é a gameleira branca, que é uma árvore muito importante na nação Jeje. Seus filhos são chamados de Lokoses. Ague, Azaká é também um vodun Caviuno. A família Heviosso é encabeçada por Badë, Acorumbé, também filho de Sogbô, chamado de Runhó. Mawu-Lissá seria o Òrìṣà Osàlá dos yorubás. Sogbô também tem particularidade com o Orixá em yorubá, Sàngó, e ainda com o filho mais velho do Deus do trovão que seria Averekete, que é filho de Ague e irmão de Anaite. Anaite seria uma outra família que viria da família de Aziri, pois são as Aziris ou Tobosses que viriam a ser as Yabás dos Yorubás, achamos assim Aziritobosse. Estou falando do jeje de um modo geral, não especificamente do Mahin, mas das famílias que englobam o Mahin e também outras famílias jeje.

Como foi relatado, Jeje era um apelido dado pelos yorubás. Na verdade, esta família, ou seja, as pessoas que pertencem a esta nação deveriam ser classificadas de povo Ewe, que seria o mais certo. Ewe-Fon seria a verdadeira denominação. Seriam povos ewe ou povos fons. Então, se fôssemos pensar em alguma possibilidade de mudança, nós iríamos chamar, em vez de nação Jeje, de nação Ewe-Fon. Somente assim estaríamos fazendo jus ao que é encontrado em solo africano. Jeje é, então, um apelido, mas assim ficará para todas as gerações classificados como povo jeje, em respeito aos antepassados.

Continuando com algumas nomenclaturas da palavra *Ewe-Fon*, por exemplo, a casa de Candomblé da nação Jeje chama-se Kwe = "casa". A casa matricial em Cachoeira de São Félix chama-se *Kwe* Ceja Undé. Toda casa jeje tem que ser situada afastada das ruas, dentro de florestas, onde exista espaço com árvores sagradas e rios. Depende das matas, das cachoeiras e de animais, porque o jeje também tem a ver com os animais. Existem até cultos com animais, como o leopardo, o crocodilo, a pantera, o gavião e o elefante, que são identificados com os voduns. Então, este espaço sagrado, este grande sítio, esta grande fazenda onde fica o Kwe chama-se Runpame, que quer dizer "fazenda" na língua Ewe-Fon. Sendo assim, a casa chama-se Kwe, e o local onde fica situado o Candomblé, Runpame. No Maranhão predomina o culto às divindades como Azoanador e Tobosses e vários voduns nos quais a "sacerdotisa" é chamada Noche e o cargo masculino, Toivoduno.

Os fundadores:

Voltando a falar sobre "Kwe Ceja Undé", esta casa chamada em Cachoeira de São Félix de "Roça de Baixo" foi fundada pelo escravos a exemplo de Manoel Ventura, Tixerem, Zé do Brechó e Ludovina Pessoa. Ludovina Pessoa era esposa de Manoel Ventura, que, no caso africano, é o dono da terra. Eles eram donos do sítio e foram os fundadores da Kwe Ceja Undé. Essa Kwe ainda seria chamada de Pozerren, que vem de Kipó, "pantera". Daremos um pequeno relatório dos criadores do Pozerren Tixarene, que seria o primeiro Pejigan da roça, e Ludovina, pessoa que seria a primeira Gaiacú. A roça de cima, que também é em Cachoeira, é oriunda do Jeje Dahomé, ou seja, outra forma de jeje. Estou falando do Mahin, que era comandada por Sinhá Romana que vinha a ser "irmã de santo" de Ludovina Pessoa (esta última mais tarde assumiria o cargo de Gaiacú na Kwe de Boa Ventura). Mas, pela ordem, temos Manoel Ventura, que seria o fundador, depois viria Sinhá Pararase, Sinhá Balle e atualmente Gamo Loko-se. O Kwe Ceja Undé encontra-se em controvérsia, ou seja, Gamo Loko-se é escolhida por Sinhá Pararase para ser a verdadeira herdeira do trono e Gaiacú Agué-se, que seria Elisa Gonçalves de Souza, vem a ser a dona da terra atualmente. Ela pertence à família Gonçalves, os donos da terra. Assim, temos os fundadores da Kwe Ceja Undé. No Rio de Janeiro, saindo de Cachoeira de São Félix, Tatá Fomutinho deu obrigação com Maria Angorense, conhecida como Kisinbi Kisinbi. Uma das curiosidades encontradas durante minha pesquisa sobre Jeje é o que chamamos de Deká, que, na verdade, vem do termo idecar, do termo fon *iidecar*, que quer dizer "transmissão de segredo". Esse ritual é feito quando uma Gaiacú passa os segredos da nação Jeje para a futura Gaiacú, pois na Nação Jeje não se tem notícias que possa ter havido "pai de santo". O cargo de sacerdotisa ou "mãe de santo" era exclusivamente das mulheres. Só as mulheres poderiam ser Gaiacús.

Ogans:

Os cargos de Ogan na Nação Jeje são assim classificados: Pejigan, que é o primeiro Ogan da casa Jeje. A palavra Pejigan quer dizer "Senhor que zela pelo altar sagrado", porque Peji = "altar sagrado" e Gan = "senhor". O segundo é o Runtó, que é o tocador do atabaque Run, porque, na verdade, os atabaques Run, Runpi e Lé são Jeje. No Ketu, os atabaques são chamados de Ilú. Há também outros Ogans como Gaipé, Runsó, Gaitó, Arrow, Arrontodé, etc. Podemos ver que a nação Jeje é muito particular em suas propriedades. É uma nação que vive de forma independente em seus cultos e tradições de raízes profundas em solo africano e trazida de forma fiel pelos negros ao Brasil.

Mina Jeje:

Em 1796, foi fundado no Maranhão o culto Mina Jeje pelos negros fons vindos de Abomey, a então capital de Dahomé, como relatado anteriormente, atual República Popular de Benin.

A família real Fon trouxe consigo o culto de suas divindades ancestrais, chamados Voduns e, principalmente, o culto a Dan ou o culto da Serpente Sagrada. Uma grande Noche ou Sacerdotisa, posteriormente, foi Mãe Andresa, última princesa de linhagem direta Fon que nasceu em 1850 e morreu em 1954, com 104 anos de vida.

OS ODÙ NA CULTURA JEJE

Um Babalawo, ou Pai dos segredos (awô) é muito respeitado pela cultura yorubá.

O Babalawo, como o nome diz, é o conhecedor de todos os mistérios e segredos no culto a Òrunmìlá, sendo, portanto, sacerdote de Ifá. Somente o Babalawo pode manipular o Rosário de Ifá que em yorubá recebe o nome de opele-ifá e em *ewe*, língua da cultura fon ou jeje tem o nome de agú-magá. Ainda na cultura Jeje, ifá é chamado de Vodun-fá ou Deus do destino e o Babalawo é denominado de Bokunó. Mas, nas duas culturas, tanto o Babalawo dos yorubás quanto o Bokunó dos fons precisam de uma divindade que interprete as caídas do jogo a Ifá.

Quem seria essa divindade? Para os yorubás, essa divindade que auxilia o Babalawo a interpretar as caídas do jogo a Ifá tem o nome de **Exu**, e para os ewes ou fons da cultura Jeje essa mesma divindade é chamada de **Legba**, que em *ewe* significa: "Divino esperto".

Como podemos observar, nas duas culturas o culto a Ifá é bem constante na vida destes povos, pois tanto na Nigéria como no antigo Dahomé, o destino individual ou coletivo é motivo de muita atenção (Destino que, em yorubá, se chama Odù e em ewe-fon, aírun-ê), pois os povos jeje também cultuavam os odùs ou aírun-ê.

Abaixo, encontram-se divulgados alguns nomes dos odùs, em ewe-fon:

- ogudá ou obéogunda; em yorubá;
- lossô ou yorossun; em yorubá;
- ruolin ou warin; em yorubá;
- sá ou ossá; em yorubá.

Nação Angola

Os Nkises

Os Nkises são para os bantus o mesmo que Òrìsà para os yorubás, ou ainda, o mesmo que vodum para os Daometanos. Muitos autores cometem o mesmo erro ao tratar das semelhanças existentes entre um Nkise, Òrìṣà ou vodum, pois confundem semelhanças com correspondência, fazendo-nos acreditar que, na verdade, se tratam da mesma divindade apenas com nome distinto.

Esta visão é equivocada; cabe a nós desfazermos tal equívoco. Cada Nkise, Òrìṣà ou vodum possui peculiaridades, tratamento e culto diferenciados. Pode-se, sim, dizer que existem pequenas coincidências, por exemplo, o fato de Kabila, Oxóssi e Otulu serem caçadores ou, ainda, usarem as mesmas cores. Mas não há que se confundir um e outro, pois mesmo em suas origens na África se diferem, sendo o primeiro (Kabila) originário do Congo, o segundo (Oxóssi) originário das terras yorubás e o último (Otulu) do Reino do Dahomé. Dessa forma, a seguir, estão alguns dos Nkises de Angola e Congo, sem fazer qualquer correspondência entre Òrìṣà ou vodum, dando ao lado de seus nomes uma breve descrição:

Aluvaiá, Bombojira, Vangira (feminino), Pambu Njila

É o Nkise responsável pela comunicação entre as divindades e os homens. Está nas ruas; é a este Nkise que pertencem as "budibidika jinjila" (encruzilhadas). Suas cores são preto, vermelho; sua saudação: *Kiuá Luvaiá Ngananzila Kiuá* (Viva Aluvaiá, Senhor dos Caminhos).

Nkosi Mukumbe, Roxi Mukumbe

É o Nkise da guerra, das estradas. É a ele que se fazem oferendas com o fim de obter abertura de caminhos. Sua cor é o azul-escuro, sua saudação: *Luna Kubanga Mueto – Nkosi ê* (Aquele que briga por nós – Nkosi ê).

Kabila, Mutalambô, Burungunzo

É o Nkise caçador, habita as florestas ou montanhas. É o responsável pela fartura, pela abundância de alimentos. Suas cores: verde para Mutalambô, Kabila e Burungunzo, e verde, azul e amarelo para Gongobira; sua saudação: *Kabila Duilu – Kabila* (Caçador dos Céus – Kabila)

É um jovem caçador que obtém seu sustento ora por meio da caça, ora da pesca. Suas características são as mesmas das dos caçadores (Kabila, Mutambô, Lambaranguange) unidas as características dos Nkises da água doce (Kisimbe, Samba). Suas cores: verde-cristal, azul-cristal e amarelo; ouro; sua saudação: *Mutoni Kamona Gongobira – Muanza* ê (Pescador Menino Gongobira – Rio ê).

Katendê

É o Nkise dono dos segredos das "nsabas" (folhas, ervas). Sua cor é o verde ou verde e branco; sua saudação: *Kisaba kiasambuká – Katendê* (Folha Sagrada – Katendê).

Zaze, Luango

É o Nkise responsável pela distribuição da Justiça entre os homens. Suas cores são: vermelho e branco; sua saudação: *A Ku Menekene Usoba Nzaji* – **Nzaze** (Salve o Rei dos Raios – Grande Raio).

Kaviungo ou Kavungo, Kafungê e Kingongo

É o Nkise responsável pela saúde, estando intimamente ligado à morte. Usa preto, vermelho, branco e marrom; sua saudação: *Tateto Mateba Sakula Oiza – Dixibe* (O Pai da Ráfia Está Chegando – Silêncio).

Angorô e Angoroméa

Assim como Njira, auxiliam na comunicação entre as divindades e os homens. São representados por uma cobra, sendo o primeiro (Angorô) masculino e o segundo (Angoroméa) feminino; sua saudação: *Nganá Kalabasa – Angorô Le* (Senhor do Arco-íris) – Angorô Hoje.

Kitembo ou Tempo

É o responsável pelo tempo de forma geral e, especificamente, pelas mudanças climáticas (como chuva, sol, vento, etc.), portanto, é atribuído a ele o domínio sobre as estações do ano. É representado, nas casas Angola e Congo, por um mastro com uma bandeira branca. Usa cores fortes, como: vermelho, azul, verde, marrom e branco; sua saudação: *Nzara Kitembo – Kitembo Io* (Gloria Kitembo – Kitembo do Tempo).

Matamba, Bamburussema, Nunvurucemavula

Trata-se de um Nkise feminino, uma Nkisi amê. É guerreira e está intimamente ligada à morte, por conseguir dominar os mortos ("Vumbe"). Suas cores são o vermelho e o marrom avermelhado; sua saudação: *Nenguá Mavanju – Kiuá Matamba* (Senhora dos Ventos – Viva Matamba).

Kisimbi, Samba, Dandalunda

Nkise feminino, uma Nkisi amê, representa a fertilidade; é a grande mãe. Seu domínio é sobre as águas doces. Suas cores são o amarelo-ouro e o rosa; sua saudação: *Mametu Maza Mazenza – Kisimbi ê* (Oh, Mãe da Água Doce – Kisimbi ê).

Kaitumbá, Mikaiá, Kokueto

Também um Nkise feminino, uma Nkisi amê, tem domínio sobre as águas salgadas ("Kalunga Grande", o mar). Sua cor: branco-cristal; sua saudação: *Kiuá Kokueto – Mametu Ria Amaze Kiuá* (Viva Kokueto, Mãe das águas –Viva).

Zumbarandá

É um Nkise feminino, uma Nkisi amê, representa o início, vez que, é a mais velha das mães. Também tem relação estrita com a morte. Sua cor: azul; sua saudação: *Mametu Ixi Onoká – Zumbarandá* (Mãe da Terra Molhada – Zumbarandá).

Wunje

É o mais novo dos Nkises. Representa a mocidade, a alegria da juventude. Durante o toque para este Nkise, a dança se transforma em uma grande brincadeira; sua saudação: *Wunje Pafundi – Wunje ê* (Wunje Feliz – Bem-Vindo).

Lembá Dilê, Lembarenganga, Jakatamba, Kassuté Lembá, Gangaiobanda

Nkise da criação, ora apresenta-se como jovem guerreiro, ora como velho curvado. Está ligado à criação do mundo. Quando jovem, tem como cores o branco e o azul, ou branco e prata; quando de idade avançada, apenas o branco; sua saudação: *Kalaepi Sakula Lemba Dilê – Pembele* (Quietos, Aí Vem o Senhor da Paz – Eu te Saudo).

Zambi, Zambiapongo

Não se trata de um Nkise, mas sim do Deus Supremo, o grande criador.

TEMPO

Tempo, ou kitembo, é um Nkise da nação de Angola. É o dono da bandeira de Angola, que podemos ver em qualquer casa de Candomblé, perto do assentamento de Tempo (uma grande vara com uma bandeira branca no topo). Tempo é o Nkise senhor das estações do ano, regente das mutações climáticas. Ainda é considerado o Pai da Maionga, que é o banho usado pelos seguidores e iniciados da Nação de Angola, tendo sua maior vibração justamente ao ar livre, ou seja, no tempo. É exatamente ali, no tempo, que este banho feito de ervas, água do mar, de cachoeira, de rio, chuva e outros elementares vai consagrar através de Tempo este iniciado.

Tempo está associado à escala do crescimento; por isso sua ferramenta é uma escada com uma lança voltada para cima, em referência ao próprio tempo. Como expliquei, este Nkise rege as estações do ano e está ligado ao frio, ao calor, a seca, as tempestades, ao ambiente pesado e ao ambiente agradável. Conta uma lenda da Nação de Angola que Tempo era um homem muito agitado, fazia e resolvia muitas coisas ao mesmo tempo. Entretanto, esse homem vivia reclamando e cobrando de Zambi que o dia era muito pequeno para fazer e resolver tudo que quisesse. Um dia, Zambi lhe disse: "Eu errei em sua criação, pois você é muito apressado". Ele, então, respondeu a Zambi: "Não tenho culpa se o dia é pequeno e as horas miúdas, não dando tempo para realizar tudo que planejo". A partir desse momento, Zambi determinou que esse homem passasse a controlar o tempo, tendo domínio sobre os elementares e movimentos da natureza. Assim nasceu o Nkise Tempo.